Spanish for Social Services

Fourth Edition

Ana C. Jarvis
Chandler-Gilbert Community College

Luis Lebredo
Crafton Hills College

D. C. Heath and Company
Lexington, Massachusetts   Toronto

PREFACE

As one of the five career manuals in the *Basic Spanish Grammar*, Fourth Edition, program, *Spanish for Social Services*, Fourth Edition, presents the specialized vocabulary that is needed by social service professionals. It also provides students with opportunities to apply, in a wide variety of practical contexts, the grammatical structures introduced in the corresponding lessons of the *Basic Spanish Grammar* core text.

Features of the New Edition

- Each of the twenty lessons of *Spanish for Social Services* focuses on a common social service situation, such as applying for food stamps, investigating a case of suspected child abuse, or visiting a senior citizen.
- Realistic dialogues model typical conversations and present the words and expressions that social service providers need in the course of their daily work.
- A revised grammatical sequence now provides earlier practice of the familiar (*tú*) command, which is introduced in Lesson 11 of *Basic Spanish Grammar*.
- The end-of-lesson vocabulary expansion sections teach additional terms that are useful for communicating in the situations presented in the lessons.
- A vocabulary review after every five lessons helps students check their understanding of key words and phrases.
- The Appendix has been expanded and revised to include a tapescript for "Introduction to Spanish Sounds" (on cassette), so students can more readily study Spanish pronunciation.
- The audiocassette program for *Spanish for Social Services* has been revised in accordance with changes made in the lessons.
- A sample vocabulary quiz and two final exams for *Spanish for Social Services* are available in a separate booklet that also includes the testing program for the *Basic Spanish Grammar* core text.
- The new Instructor's Edition of *Basic Spanish Grammar* offers suggestions for organizing, testing, and grading classes for career-oriented students.

Organization of the Lessons

- A Spanish dialogue introduces key vocabulary and grammatical structures in the context of a practical social service situation.
- The English translation of the dialogue follows the Spanish version so students can quickly check their understanding of specific words and phrases.
- A new vocabulary list summarizes words and phrases introduced in the dialogue and categorizes them by part of speech. Cognates are presented in a special section so that students can easily identify and use these terms.
- A multistep practice section provides opportunities for students to use new vocabulary and grammar in the context of the lesson theme and includes the following types of activities:
  —Dialogue recall exercises that help students learn key phrases and familiarize themselves with the elements of a typical conversation.
  —Structural exercises that provide practice of important grammar points using the new vocabulary and include sentences for translation from English to Spanish.
  —Question-answer exercises that check comprehension of the dialogue and also elicit personal, topically-related ideas and experiences.
  —Dialogue completion exercises that encourage students to apply their own experiences and imaginations while practicing new vocabulary and grammar.
  —Situational exercises that explore what one might say in specific circumstances related to the theme of the lesson. For example, Lesson 10 (*El programa de empleo y entrenamiento*), which is about vocational training, poses a situation in which a caseworker discusses daycare arrangements with a prospective job trainee.
  —Open-ended "You're on your own!" roleplays present opportunities for pairs of students to enact situations similar to those they might encounter in their work as social service providers.

- Each lesson concludes with an optional vocabulary expansion section focusing on additional words and phrases that are useful in the context of the lesson. For example, Lesson 14, which is about visiting a senior citizen at home, includes terms for household furnishings and rooms. A practice exercise accompanies each vocabulary expansion section.

Vocabulary Review Sections

A vocabulary review section appears after every five lessons to allow students to check their progress. Each review section contains four or five exercises, including matching, sentence completion, and crossword puzzles. Crossword puzzle solutions appear in Appendix C.

Appendixes

- Appendix A, "Introduction to Spanish Sounds," is the tapescript for the opening pronunciation section on the accompanying audiocassette program. It briefly explains each Spanish vowel and consonant sound and the concept of linking. Examples and practice are included.
- Appendix B, "Spanish Pronunciation," offers a more detailed exploration of Spanish sounds, outlining the basic rules and principles governing pronunciation with helpful suggestions for improving pronunciation.
- Appendix C, "Answer Key to the *Crucigramas*," supplies the solutions to the crossword puzzles found in the vocabulary review sections.
- The comprehensive Spanish-English/English-Spanish Vocabulary includes all the words and expressions introduced in the twenty lessons.

Audiocassette Program

Spanish for Social Services, Fourth Edition, is accompanied by a complete audiocassette program containing "Introduction to Spanish Sounds" (Appendix A), followed by the dialogue and the vocabulary list for each lesson.

A FINAL WORD

The many students who have used *Spanish for Social Services* in previous editions have enjoyed learning and practicing their new language in realistic contexts. We hope that the Fourth Edition will prepare today's students to better communicate with the Spanish-speaking people whom they encounter in their work as social service providers.

We would like to hear your comments on and reactions to *Spanish for Social Services* and to the *Basic Spanish Grammar* program in general. Reports of your experiences using this program would be of great interest and value to us. Please write to us care of D. C. Heath and Company, Modern Languages, College Division, 125 Spring Street, Lexington, Massachusetts 02173.

Acknowledgments

We wish to thank our colleagues who have used previous editions of *Spanish for Social Services* for their constructive comments and suggestions.

We also wish to express our gratitude to the editorial and production staff of D. C. Heath and Company. José Blanco, Nicole Cormen, Katherine McCann, Gina Russo, and Denise St. Jean provided us with assistance and encouragement during the preparation of the manuscript.

Ana C. Jarvis
Luis Lebredo

CONTENTS

Lesson 1

En el Departamento de Bienestar Social (I)

La señora Díaz[1] habla con la recepcionista.

SRA. DÍAZ	—Buenos días.
RECEPCIONISTA	—Buenos días. ¿Qué desea Ud.?
SRA. DÍAZ	—Deseo hablar con un trabajador social…
RECEPCIONISTA	—Primero necesita llenar una planilla.
SRA. DÍAZ	—¿Con letra de molde?
RECEPCIONISTA	—Sí, por favor.
SRA. DÍAZ	—Yo necesito ayuda. No hablo inglés bien…
RECEPCIONISTA	—Bueno, yo lleno la planilla. ¿Nombre y apellido?
SRA. DÍAZ	—Rosa Díaz.
RECEPCIONISTA	—¿Estado civil?
SRA. DÍAZ	—Casada.
RECEPCIONISTA	—¿Apellido de soltera?
SRA. DÍAZ	—Gómez.
RECEPCIONISTA	—¿Domicilio?
SRA. DÍAZ	—Avenida Magnolia número setecientos veinticuatro, apartamento trece.
RECEPCIONISTA	—¿Zona postal?
SRA. DÍAZ	—Noventa y dos, cuatro, cero, cinco.
RECEPCIONISTA	—¿Número de seguro social? Despacio, por favor…
SRA. DÍAZ	—Quinientos treinta, cincuenta, veinte, diez y ocho.
RECEPCIONISTA	—¿Necesita ayuda en dinero o estampillas para alimentos?
SRA. DÍAZ	—Necesito dinero para pagar el alquiler.

At the Department of Social Welfare (I)

Mrs. Diaz speaks with the receptionist.

MRS. DIAZ:	Good morning.
RECEPTIONIST:	Good morning. Can I help you (what do you wish)?
MRS. DIAZ:	I wish to speak with a social worker . . .
RECEPTIONIST:	First you need to fill out a form.
MRS. DIAZ:	Print?
RECEPTIONIST:	Yes, please.
MRS. DIAZ:	I need help. I don't speak English well . . .
RECEPTIONIST:	Okay, I'll fill out the form. Name and surname?
MRS. DIAZ:	Rosa Diaz.

---

[1]When speaking about a third person (indirect address), and using a title before the person's name (i.e., **señor, doctora**), the definite article is required. It is omitted in direct address.

RECEPTIONIST:	Marital status?
MRS. DIAZ:	Married.
RECEPTIONIST:	Maiden name?
MRS. DIAZ:	Gomez.
RECEPTIONIST:	Address?
MRS. DIAZ:	724 Magnolia Avenue, Apartment 13.
RECEPTIONIST:	Zip code?
MRS. DIAZ:	Ninety two, four, zero, five.
RECEPTIONIST:	Social security number? Slowly, please . . .
MRS. DIAZ:	530–50–2018 . . .
RECEPTIONIST:	Do you need help in cash (money) or food stamps?
MRS. DIAZ:	I need money to pay the rent.

VOCABULARY

COGNATES

| el **apartamento**   apartment | el, la **recepcionista**   receptionist |
| el **departamento**   department | |

NOUNS

el **alquiler,** la **renta**   rent
la **avenida**   avenue
la **ayuda**   help, aid, assistance
la **estampilla**   stamp
la **planilla, forma**   form
el, la **trabajador(-a) social**   social worker

VERBS

desear   to wish, to want
llenar   to fill out
pagar   to pay

OTHER WORDS AND EXPRESSIONS

bien   well

bueno   okay, good
con   with
con letra de molde   print
el **Departamento de Bienestar Social**
   Social Welfare Department
despacio   slowly
en dinero   in cash
estampillas para alimentos   food stamps
o   or
para   to, in order to
qué   what
¿Qué desea usted?   Can I help you? What
   do you wish?
zona postal   zip code

DIALOGUE RECALL PRACTICE

Study the dialogue you have just read; then complete the sentences below. If you cannot recall certain words, reread the dialogue, focusing on the words you missed and learning them within the context of the sentences in which they appear.

La señora Díaz habla con la recepcionista.

SRA. DÍAZ   —Buenos ....

RECEPCIONISTA —.............................   ....   ¿Qué ....

Ud.?

SRA. DÍAZ   —.............................   ....   con un trabajador ....

   ....

RECEPCIONISTA —Primero .... una planilla.

SRA. DÍAZ —¿Con .... ?

RECEPCIONISTA —Sí, ...

SRA. DÍAZ —Yo .... No ....

inglés ....

RECEPCIONISTA —Bueno, yo .... la .... ¿Nombre y

.... ?

SRA. DÍAZ —Rosa Díaz.

RECEPCIONISTA —¿Estado .... ?

SRA. DÍAZ —... .

RECEPCIONISTA —¿Apellido de .... ?

SRA. DÍAZ —Gómez.

RECEPCIONISTA —¿ .... ?

SRA. DÍAZ —........................... Magnolia .... setecientos

veinticuatro, ... trece.

RECEPCIONISTA —¿Zona .... ?

SRA. DÍAZ —Noventa y dos, cuatro, cero, cinco.

RECEPCIONISTA —¿Número de .... ?

Despacio, por favor...

SRA. DÍAZ —Quinientos treinta, cincuenta, veinte, diez y ocho.

RECEPCIONISTA —¿ .... en dinero o

.... ?

SRA. DÍAZ —Necesito dinero para .... el ....

LET'S PRACTICE!

A. Insert the appropriate personal pronoun in each of the following sentences.

    1. .... desea hablar con un trabajador social. (Mr. Díaz)

    2. .... necesitamos ayuda. (Mrs. Díaz and I [*fem.*])

3. .... lleno la planilla.

4. .... pagan el alquiler.   (Mr. and Mrs. Smith)

5. .... deseas ayuda en estampillas para alimentos.

6. .... hablan con la recepcionista.   (Mrs. Díaz and Mrs. Smith)

7. .... hablan inglés bien.   (You and Carlos)

B. Complete the sentences using the Spanish equivalent of the verb in parentheses.

1. La señora Díaz .... estampillas para alimentos. (needs)

2. Nosotros .... en el Departamento de Bienestar Social.   (work)

3. Ellos .... llenar esta planilla. (need)

4. Ud. .... la planilla con letra de molde.   (fill out)

5. Yo .... la renta.   (pay)

6. Tú .... bien.   (work)

C. After writing the correct form of the verbs in Exercise B, rewrite the sentences in the negative form.

1. ....

2. ....

3. ....

4. ....

5. ....

6. ....

D. Make these sentences interrogative.

1. Usted desea hablar con un trabajador social.

    ....

2. Necesito llenar la planilla con letra de molde.

    ....

3. El Sr. Soto trabaja en Chicago.

    ....

4. Ustedes necesitan dinero para pagar el alquiler.

    ....

5. Ellos hablan inglés y español.

....

QUESTION-ANSWER EXERCISES

A. Answer the following questions in complete sentences.

1. ¿Qué desea la señora Díaz?

....

2. ¿Qué necesita la señora Díaz?

....

3. ¿Qué necesita llenar la señora Díaz?

....

4. ¿Habla inglés bien la señora Díaz?

....

5. ¿Necesita la señora Díaz ayuda en estampillas?

....

6. ¿Qué necesita pagar la señora Díaz?

....

B. And now, answer these personal questions.

1. ¿Trabaja Ud. en el Departamento de Bienestar Social?

....

2. ¿Qué idioma habla Ud. bien?

....

3. ¿Habla Ud. español bien?

....

4. ¿Necesita Ud. ayuda en estampillas para alimentos?

....

5. ¿Paga Ud. alquiler?

....

6. ¿Habla Ud. despacio?

....

7. ¿Necesita Ud. dinero?

....

8. ¿Necesita Ud. hablar con un trabajador social?

....

9. ¿Llena Ud. la forma con letra de molde?

....

10. ¿Desea Ud. trabajar en el Departamento de Bienestar Social?

....

DIALOGUE COMPLETION

Use your imagination and the vocabulary learned in this lesson to complete the missing parts of this dialogue.

Con la recepcionista.

SR. PÉREZ —Buenos días, señorita.

RECEPCIONISTA — ....

SR. PÉREZ —Necesito hablar con un trabajador social.

RECEPCIONISTA — ....

SR. PÉREZ —Lo siento, no hablo inglés bien.

RECEPCIONISTA — ....

SR. PÉREZ —Muchas gracias.

RECEPCIONISTA — ....

SR. PÉREZ —Raúl Pérez.

RECEPCIONISTA — ....

SR. PÉREZ —Soltero.

RECEPCIONISTA — ....

SR. PÉREZ —Calle América, número novecientos cincuenta, apartamento cuatro.

RECEPCIONISTA — ....

SR. PÉREZ —Zona postal, noventa y tres, cuatro, siete, cinco.

RECEPCIONISTA — ....

SR. PÉREZ   —No, no necesito estampillas para alimentos.   Necesito dinero para pagar el
                  alquiler.

SITUATIONAL EXERCISES

What would you say in the following situations?

1. You are at the Welfare Department.   Tell the receptionist you wish to speak with a social worker.   Tell her also that you do not speak English well.
2. You are a social worker.   Tell your client that he needs to fill out a form.   Ask him if he needs help.
3. You are obtaining information from a client.   Ask her for her complete name, including maiden name, her address, zip code, and social security number.
4. You are talking with a social worker.   Tell him you need aid in cash to pay the rent.   Tell him also that you need food stamps.

YOU'RE ON YOUR OWN!

Act out the following situation with a partner.

A receptionist is talking with a person who needs to see a social worker.   The receptionist obtains pertinent information and asks the person whether he or she needs aid in cash or food stamps.

VOCABULARY EXPANSION

el **apartado postal**   post office box
la **comida**   food, meal
el **Departamento de Salud Pública**
   Department of Public Health
el, la **enfermero(-a)**   nurse
la **familia**   family
la **hipoteca**   mortgage

la **inicial**   initial
el **jefe de la familia**   head of
   household
el, la **médico(-a)**   M.D., doctor
el **recibo**   receipt
el **segundo nombre**   middle name
el **seguro**, la **aseguranza**   insurance

Complete the following sentences, using the new words and expressions presented in the Vocabulary Expansion.

1. .... 842, Riverside, California.

2. El .... de la .... trabaja en el Departamento de

   Bienestar Social.

3. Necesito dinero para pagar la .... de la casa.

4. .... : Antonio.

5. .... : *M.*

6. Necesitamos pagar el ....

7. El Sr. Pérez trabaja en el ....

8. ¿Necesito llenar el .... con letra de molde?

9. ¿Ud. necesita .... ?

10. La .... trabaja en el hospital.

11. La .... Rodríguez necesita estampillas para alimentos.

12. Deseo hablar con el .... o con la enfermera.

Lesson 2

En el Departamento de Bienestar Social (II)

La recepcionista ayuda a la señora Díaz.

RECEPCIONISTA —¿Cuántos meses debe?
SRA. DÍAZ —Debo tres meses.
RECEPCIONISTA —¿Cuándo debe pagar el alquiler?
SRA. DÍAZ —Sí no pago mañana, debo salir de la casa.
RECEPCIONISTA —Ud. necesita ayuda urgente.
SRA. DÍAZ —También necesito alimento para los niños.
RECEPCIONISTA —Bien. Debe firmar aquí.
SRA. DÍAZ —¿Con quién debo hablar ahora?
RECEPCIONISTA —A ver,... Con el señor Pérez, en la segunda oficina a la derecha.

El señor Pérez, trabajador social, lee la planilla.

SR. PÉREZ —¿Trabaja Ud., señora Díaz?
SRA. DÍAZ —No, yo no trabajo.
SR. PÉREZ —¿Recibe Ud. alguna ayuda económica?
SRA. DÍAZ —No, ahora no.
SR. PÉREZ —¿Cuánto paga de alquiler?
SRA. DÍAZ —Trescientos treinta y cinco dólares mensuales.
SR. PÉREZ —¿Qué otras cuentas debe pagar?
SRA. DÍAZ —La electricidad, el gas y el teléfono.
SR. PÉREZ —¿Eso es todo?
SRA. DÍAZ —Creo que sí...

At the Department of Social Welfare (II)

The receptionist helps Mrs. Diaz.

RECEPTIONIST: How many months do you owe?
MRS. DIAZ: I owe three months.
RECEPTIONIST: When must you pay the rent?
MRS. DIAZ: If I don't pay tomorrow, I must vacate the house.
RECEPTIONIST: You need urgent aid.
MRS. DIAZ: I also need food for the children.
RECEPTIONIST: Fine. You must sign here.
MRS. DIAZ: With whom should I speak now?
RECEPTIONIST: Let's see, . . . With Mr. Perez, in the second office to the right.

Mr. Perez, social worker, reads the form.

MR. PEREZ: Do you work, Mrs. Diaz?
MRS. DIAZ: No, I don't work.
MR. PEREZ: Do you receive any financial asistance?
MRS. DIAZ: No, not at the present time.
MR. PEREZ: How much do you pay for rent?
MRS. DIAZ: $335 a month.
MR. PEREZ: What other bills must you pay?
MRS. DIAZ: Electricity, gas, and phone.
MR. PEREZ: Is that all?
MRS. DIAZ: I think so. . . .

VOCABULARY

COGNATES

el **dólar**	dollar	el **teléfono**	telephone
la **electricidad**	electricity	**urgente**	urgent
el **gas**			

NOUNS

el **alimento**   food
la **casa**   house, home
la **cuenta**   bill
el **mes**   month
el, la **niño(-a)**   child
la **oficina**   office

VERBS

ayudar   to help
creer   to think, to believe
deber   to owe, must, should
firmar   to sign
salir[1]   to get out, to leave

ADJECTIVES

económico(-a)   financial
mensual   monthly
segundo(-a)   second

OTHER WORDS AND EXPRESSIONS

a la derecha   to the right
a ver   let's see
ahora   at present, now
ahora no   not now
alguna   any, some
aquí   here
creo que sí   I think so
¿cuándo?   when?
¿cuánto(-a)?   how much?
¿cuántos(-as)?   how many?
de   of, from
de alquiler   for rent
eso es todo   that's all
mañana   tomorrow
por (al) mes   monthly, a month
otro(-a)   other, another
para   for
salir de la casa   vacate (get out of) the house
si   if
también   also

DIALOGUE RECALL PRACTICE

Study the dialogue you have just read; then complete the sentences below. If you cannot recall certain words, reread the dialogue, focusing on the words you missed and learning them within the context of the sentences in which they appear.

La recepcionista ayuda a la señora Díaz.

RECEPCIONISTA —¿Cuántos .... ?

SRA. DÍAZ —............................. tres ....

[1]This irregular verb is conjugated in Lesson 7 of *Basic Spanish Grammar.*

RECEPCIONISTA —¿Cuándo .... pagar el .... ?

SRA. DÍAZ —............................ no pago .... , debo

.... de la ....

RECEPCIONISTA —Ud. necesita ....

SRA. DÍAZ —............................ necesito alimento para los ....

RECEPCIONISTA —Bien. Debe ....

SRA. DÍAZ —¿Con .... debo hablar .... ?

RECEPCIONISTA —............................ .... , ... Con el

.... Pérez, en la .... oficina

....

El señor Pérez, trabajador social, lee la planilla.

SR. PÉREZ —¿............................ Ud., señora Díaz?

SRA. DÍAZ —No, yo no ....

SR. PÉREZ —¿............................ Ud. alguna ayuda .... ?

SRA. DÍAZ —No, ...

SR. PÉREZ —¿Cuánto paga .... ?

SRA. DÍAZ —Trescientos treinta y cinco ....

SR. PÉREZ —¿Qué .... debe pagar?

SRA. DÍAZ —La .... , el .... y el ....

SR. PÉREZ —¿Eso .... ?

SRA. DÍAZ —Creo ....

LET'S PRACTICE!

A. Change all of the italicized words in the following sentences into the plural. Be sure to make any other changes needed for the agreement of articles, adjectives, nouns, and verbs.

1. La *recepcionista* no paga el alquiler de la *oficina.*

   ....

2. El *trabajador social* firma con el *lápiz* negro.

   ....

3. El *profesor* norteamericano no habla español.

   ....

4. La *familia* alemana debe salir de la *casa*.

   ....

5. *Ella* necesita alimento para el *niño*.

   ....

B. Place the adjectives in parentheses in the correct position. Make adjectives agree with nouns when necessary.

1. (económico)   Necesito .... ayuda ....

2. (español)   La .... señora .... debe un mes

   de alquiler.

3. (segundo)   Ahora debe hablar con la señora Pérez, en la ....

   oficina .... a la derecha.

4. (dos)   Mañana debo pagar .... meses ....

   de electricidad.

5. (rojo)   Necesito los .... lápices ....

C. Complete each sentence using the appropriate form of the verb in parentheses.

1. ¿La señora .... (recibir) alguna ayuda ahora?

2. ¿Cuándo .... (deber) pagar Ud. la electricidad?

3. ¿Cuántos .... (vivir) en la casa?

4. Nosotros .... (creer) que sí.

5. ¿Tú .... (deber) tres meses de alquiler?

QUESTION-ANSWER EXERCISES

A. Answer the following questions in complete sentences.

1. ¿A quién ayuda la recepcionista?

   ....

2. ¿Cuántos meses de alquiler debe la señora Díaz?

   ....

3. ¿Con quién habla primero la señora Díaz?

   ....

4. ¿Con quién debe hablar la señora Díaz en la segunda oficina?

   ....

5. ¿Cuánto paga la señora Díaz de alquiler?

   ....

6. ¿Qué otras cuentas necesita pagar la señora Díaz?

   ....

7. ¿Para quién necesita alimento la señora Díaz?

   ....

B. And now, answer these personal questions.

1. ¿Cuánto paga Ud. de alquiler?

   ....

2. ¿Cuánto paga Ud. de gas, de electricidad y de teléfono?

   ....

3. ¿Recibe Ud. alguna ayuda económica?

   ....

4. ¿Cuántas cuentas debe pagar Ud.?

   ....

5. ¿Dónde trabaja Ud. ahora?

   ....

6. ¿Necesita Ud. ayuda urgente?

   ....

DIALOGUE COMPLETION

Use your imagination and the vocabulary learned in this lesson to complete the missing parts of this dialogue.

La señora García habla con el señor Ruiz, trabajador social.

SR. RUIZ　　　—¿Dónde trabaja Ud., señora García?

SRA. GARCÍA　— ....

SR. RUIZ　　　—¿Necesita Ud. alguna ayuda económica?

SRA. GARCÍA　— ....

SR. RUIZ	—¿Qué cuentas necesita pagar Ud.?
SRA. GARCÍA	— ....
SR. RUIZ	—¿Cuántos meses de alquiler debe Ud.?
SRA. GARCÍA	— ....
SR. RUIZ	—¿Cuándo debe pagar el alquiler Ud.?
SRA. GARCÍA	— ....
SR. RUIZ	—¿Necesita Ud. estampillas de alimento para los niños?
SRA. GARCÍA	— ....
SR. RUIZ	—A ver... ¿Eso es todo?
SRA. GARCÍA	— ....
SR. RUIZ	—Bien. Ahora debe firmar aquí.

SITUATIONAL EXERCISES

What would you say in the following situations?

1. Ask your client when he or she must pay the rent, and how many months he or she owes.
2. You are talking to an eligibility worker. Tell her that you need urgent aid. Tell her also that if you don't pay the rent the next day, you must vacate the house.
3. You are a receptionist. Tell Mrs. Cortés that she must speak with Miss Vega, who is in the second office to the right.
4. You are a social worker, and you are talking with Mr. Escobar. Ask him whether he is working, whether he receives any financial aid, how much rent he pays, and what other bills he must pay.
5. You are talking with a social worker who has asked you how much rent you pay each month. Tell her you pay $295 per month. Tell her you also need to pay electricity, gas, and telephone bills.

YOU'RE ON YOUR OWN!

Act out the following situation with a partner.

A receptionist helps a client fill out a form, has him or her sign it, and tells him or her what to do next.

VOCABULARY EXPANSION

a la izquierda   to the left
el **agua**   water
alimentar   to feed
creo que no   I don't think so
la **deuda**   debt

entrar (en)   to go in, to enter
pasado mañana   the day after tomorrow
la **puerta**   door
semanal   weekly
el **trabajo**   job, work

Complete the following sentences, using the new words and expressions presented in the Vocabulary Expansion.

1. A la derecha no, ...

2. Segunda .... a la derecha.

3. Necesito ....

4. Pago veinte dólares ....

5. Necesito dinero para pagar el ....

6. Necesito alimento para .... a los niños.

7. Mañana es jueves. .... es viernes.

8. ¿Trabaja ella? Yo ....

9. Necesito dinero para pagar las ....

10. Necesito .... en la oficina para hablar con la recepcionista.

Lesson 3

En el Departamento de Bienestar Social (III)

Una recepcionista ayuda a la señora Vega a llenar la planilla con la información sobre su caso.

RECEPCIONISTA	—¿Cuántas personas adultas viven en su casa?
SRA. VEGA	—Dos: mi padre y yo.
RECEPCIONISTA	—¿Cuál es la edad de su padre?
SRA. VEGA	—Sesenta y dos años.
RECEPCIONISTA	—¿Está incapacitado para trabajar?
SRA. VEGA	—Sí, señorita.
RECEPCIONISTA	—¿Por qué?
SRA. VEGA	—Porque él es ciego y paralítico, y ahora está enfermo.
RECEPCIONISTA	—¿Está Ud. separada de su esposo?
SRA. VEGA	—Sí, desde enero.
RECEPCIONISTA	—Ud. está embarazada, ¿no?
SRA. VEGA	—Sí, por eso necesito ir a la clínica.
RECEPCIONISTA	—¿Cuántos niños viven en su casa?
SRA. VEGA	—Mis dos hijos y la hija de mi hermana.
RECEPCIONISTA	—¿Dónde está su esposo ahora?
SRA. VEGA	—En otro estado... o en otro país... No estoy segura.
RECEPCIONISTA	—¿Entonces él no manda dinero?
SRA. VEGA	—No, no da ni un centavo para los gastos de la casa.
RECEPCIONISTA	—¿Toda esta información es correcta y verdadera?
SRA. VEGA	—Sí, señorita.
RECEPCIONISTA	—Favor de firmar aquí y escribir la fecha de hoy.
SRA. VEGA	—Y ahora, ¿adónde voy?
RECEPCIONISTA	—A la oficina de la señorita Peña, para ver si Ud. es elegible para recibir ayuda.

La señora Vega va a la oficina de la señorita Peña.

At the Department of Social Welfare (III)

A receptionist helps Mrs. Vega to fill out the form for her case history.

RECEPTIONIST:	How many adult persons live in your house?
MRS. VEGA:	Two, my father and I.
RECEPTIONIST:	What is your father's age?
MRS. VEGA:	Sixty-two (years).
RECEPTIONIST:	Is he incapacitated? (unable to work?)
MRS. VEGA:	Yes.
RECEPTIONIST:	Why? (What's wrong?)

MRS. VEGA:	Because he's blind and crippled, and now he's ill.
RECEPTIONIST:	Are you separated from your husband?
MRS. VEGA:	Yes, since January.
RECEPTIONIST:	You are pregnant, aren't you?
MRS. VEGA:	Yes, that's why I need to go to the clinic.
RECEPTIONIST:	How many children live in your house?
MRS. VEGA:	My two sons and my sister's daughter.
RECEPTIONIST:	Where is your husband now?
MRS. VEGA:	In another state . . . or in another country . . . I'm not sure.
RECEPTIONIST:	Then he doesn't send (any) money?
MRS. VEGA:	No, he doesn't give a cent for household expenses.
RECEPTIONIST:	Is all this information true?
MRS. VEGA:	Yes, Miss.
RECEPTIONIST:	Please sign here and write today's date.
MRS. VEGA:	And now, where do I go?
RECEPTIONIST:	To Miss Peña's office, (in order) to see if you're eligible to receive aid.

Mrs. Vega goes to Miss Peña's office.

VOCABULARY

COGNATES

adulto(-a) adult

el **caso** case

la **clínica** clinic

correcto(-a) correct

elegible eligible

el **estado** state

incapacitado(-a) incapacitated, handicapped

la **información** information

la **persona** person

separado(-a) separated

NOUNS

el **año** year
el **centavo** cent
la **edad** age
el **esposo** husband
la **fecha** date
el **gasto** expense
la **hermana** sister
la **hija** daughter
el **hijo**[1] son
el **médico** doctor, M.D.
el **padre, papá** father, dad
el **país** country (*nation*)

VERBS

mandar to send
ver[2] to see

ADJECTIVES

ciego(-a) blind
embarazada pregnant

paralítico(-a) crippled, paralyzed
seguro(-a) sure
todo(-a) all
verdadero(-a) true, real

OTHER WORDS AND EXPRESSIONS

cuál which, what
desde since, from
entonces then
esta this
favor de... please . . .
incapacitado(-a) para trabajar handicapped, unable to work
información sobre el caso case history
la fecha de hoy today's date
los gastos de la casa household expenses
ni un centavo not a cent
por eso that's why, for that reason
¿por qué? why?
porque because
sobre about

---

[1]The plural form *hijos* may refer to son(s) and daughter(s) and is used as the equivalent of the word *children*.
[2]This irregular verb is conjugated in Lesson 7 of *Basic Spanish Grammar*.

DIALOGUE RECALL PRACTICE

Study the dialogue you have just read; then complete the sentences below. If you cannot recall certain words, reread the dialogue, focusing on the words you missed and learning them within the context of the sentences in which they appear.

Una recepcionista ayuda a la señora Vega a llenar la planilla de la información sobre su caso.

RECEPCIONISTA   —¿Cuántas .... viven en

.... ?

SRA. VEGA   —Dos: .... y yo.

RECEPCIONISTA   —¿ .... es la .... de su padre?

SRA. VEGA   —Sesenta y dos ....

RECEPCIONISTA   —¿Está .... para .... ?

SRA. VEGA   —Sí, ...

RECEPCIONISTA   —¿ .... ?

SRA. VEGA   —Porque él es .... y .... ,y ahora está

enfermo.

RECEPCIONISTA   —¿Está Ud. .... de su .... ?

SRA. VEGA   —Sí, ... enero.

RECEPCIONISTA   —Ud. está .... , ¿no?

SRA. VEGA   —Sí, ... necesito

.... a la ....

RECEPCIONISTA   —¿Cuántos niños .... en ....

.... ?

SRA. VEGA   —........................... dos .... y la ....

de mi ....

RECEPCIONISTA   —¿Dónde .... su esposo .... ?

SRA. VEGA   —En otro .... o en otro .... No

estoy ....

RECEPCIONISTA   —¿........................... él no .... dinero?

SRA. VEGA —No, no .... ni un .... para los

.... de la ....

RECEPCIONISTA —¿............................ esta .... es correcta y

.... ?

SRA. VEGA —Sí, ...

RECEPCIONISTA —............................ .... firmar aquí y escribir la

....

SRA. VEGA — .... , ¿adónde .... ?

RECEPCIONISTA —A la .... de la señorita Peña, para ver si Ud. es

.... para ....

LET'S PRACTICE!

A. **Insert the appropriate possessive adjective in each blank. Be sure each adjective agrees with the subject.**

1. Yo vivo en .... país.

2. Nosotros mandamos .... dinero.

3. Ud. va con .... hermanos.

4. La señora Vega está separada de .... esposo.

5. Ellas no dan .... dirección.

6. Mi esposo y yo mandamos a .... hijos a la oficina.

7. Tú das la información sobre .... caso.

8. Yo vivo con .... hijos.

B. **Complete the following verb chart.**

INFINITIVO	YO	TÚ	UD., ÉL, ELLA	NOSOTROS	UDS., ELLOS, ELLAS
ser					
	doy				
		vas			
			está		
				mandamos	
					viven
deber					

20

C. Complete the following sentences using *ser* or *estar* as needed.

1. ¿Dónde .... su papá ahora?

2. La información .... verdadera.

3. Yo no .... paralítico.

4. Nosotros .... enfermos ahora.

5. Yo .... incapacitado para trabajar.

6. Ella .... elegible para recibir ayuda.

QUESTION-ANSWER EXERCISES

A. Answer the following questions in complete sentences.

1. ¿Cuántas personas viven en la casa de la señora Vega?

....

2. ¿Quién es ciego y paralítico?

....

3. ¿Está enfermo el papá de la señora Vega?

....

4. ¿Está embarazada la señora Vega?

....

5. ¿Da la señora Vega una información correcta y verdadera?

....

6. ¿Está segura la señora Vega de dónde está su esposo?

....

7. ¿Por qué necesita ir a la clínica la señora Vega?

....

8. ¿Desde qué mes está la señora Vega separada de su esposo?

....

9. ¿Es elegible el padre de la señora Vega para recibir ayuda? ¿Por qué?

....

10. ¿Da el señor Vega dinero para los gastos de la casa?

....

B. And now, answer these personal questions.

1. ¿Cuántas personas adultas viven en su casa?

   ....

2. ¿Está Ud. incapacitado(a) para trabajar?

   ....

3. ¿En qué estado vive su familía?

   ....

4. ¿Cuál es el nombre de su médico?

   ....

5. ¿Cuál es su edad?

   ....

6. ¿Vive su padre en otro estado?   ¿En cuál?

   ....

DIALOGUE COMPLETION

Use your imagination and the vocabulary learned in this lesson to complete the missing parts of this dialogue.

La señora Cruz llena la planilla con la información sobre su caso en el Departamento de Bienestar Social.

RECEPCIONISTA   —¿Desde cuándo está Ud. separada de su esposo, señora?

SRA. CRUZ   — ....

RECEPCIONISTA   —¿Desde abril?   ¿Manda dinero su esposo?

SRA. CRUZ   — ....

RECEPCIONISTA   —¿Dónde vive su esposo ahora?

SRA. CRUZ   — ....

RECEPCIONISTA   —¿Cuántas personas adultas viven con Ud. en su casa?

SRA. CRUZ   — ....

RECEPCIONISTA   —¿Cuál es la edad de su papá?

SRA. CRUZ   — ....

RECEPCIONISTA —¿Está incapacitado para trabajar su papá?

SRA. CRUZ — ....

RECEPCIONISTA —¿Está Ud. embarazada?

SRA. CRUZ — ....

RECEPCIONISTA —Favor de firmar aquí.

SRA. CRUZ — ....

RECEPCIONISTA —Ahora debe hablar con el señor Gómez para ver si Ud. es elegible para recibir ayuda.

SITUATIONAL EXERCISES

What would you say in the following situations?

1. You are a social worker. Ask your client how many adults live in his house and whether he is separated from his wife.
2. You are talking to a social worker. Tell him that you are handicapped and that you need assistance from the Welfare Department.
3. You are a social worker. Ask your client if her husband is living in another state or in another country and if he is sending money to her for household expenses.
4. You are talking to a social worker about your ex-husband. Tell her he doesn't send you a penny and that you need money. Ask her if you are eligible for aid.
5. You are a social worker. You have obtained information from your client. Ask him if all of this information is correct and true. Tell him where to sign his name and where to write today's date on the form.

YOU'RE ON YOUR OWN!

Act out the following situation with a partner.

A social worker is talking with a client who is pregnant and is separated from her husband, who is not supporting her or her children.

VOCABULARY EXPANSION

la **abuela** grandmother
el **abuelo** grandfather
la **cuñada** sister-in-law
el **cuñado** brother-in-law
la **esposa**, la **mujer** wife
el **hermano** brother
el **hermanastro** stepbrother
la **hermanastra** stepsister
la **madrastra** stepmother
la **madre, mamá** mother, Mom
la **nieta** granddaughter
el **nieto** grandson

la **nuera** daughter-in-law
el **padrastro** stepfather
los **padres** parents
la **prima** cousin
el **primo** cousin
la **sobrina** niece
el **sobrino** nephew
la **suegra** mother-in-law
el **suegro** father-in-law
la **tía** aunt
el **tío** uncle
el **yerno** son-in-law

Complete the following sentences, using the new words and expressions presented in the Vocabulary Expansion.

1. La mamá de mi padre es mi ....

2. El hijo de mi tío es mi ....

3. La hija de mi hermano es mi ....

4. La hija de mi hijo es mi ....

5. La madre de mi esposa es mi ....

6. La esposa de mi hermano es mi ....

7. No es mi mamá. Es la esposa de mi papá. Es mi ....

8. El esposo de mi hija es mi ....

9. La esposa de mi hijo es mi ....

10. No es mi padre. Es el esposo de mi mamá. Es mi ....

11. El hermano de mi esposa es mi ....

12. Él es mi papá y ella es mi mamá. Son mis ....

13. El hijo de mi madrastra es mi ....

14. La hija de mi madrastra es mi ....

Lesson 4

En la Oficina de Seguro Social

Tan pronto como tiene veinte y un años, la señorita Ana Ruiz Cortés viene a la Oficina de Seguro Social para solicitar un número. Ahora está en la oficina del señor Méndez.

SRTA. RUIZ	—Vengo a solicitar un número.
SR. MÉNDEZ	—Para solicitar una tarjeta de seguro social, Ud. debe llenar una planilla.
SRTA. RUIZ	—Muy bien, gracias.

Al rato

SR. MÉNDEZ	—A ver... ¿Está completa?
SRTA. RUIZ	—Creo que sí.
SR. MÉNDEZ	—¿Cuál es el apellido de su padre?
SRTA. RUIZ	—Ruiz. Cortés es el apellido de mi madre.
SR. MÉNDEZ	—Necesitamos su certificado de nacimiento, señorita Ruiz.
SRTA. RUIZ	—Tengo un certificado de bautismo. Creo que es igual.
SR. MÉNDEZ	—Sí, tiene razón. Es una prueba de la fecha de su nacimiento.
SRTA. RUIZ	—Pero está en español...
SR. MÉNDEZ	—No importa. Tenemos traductores.
SRTA. RUIZ	—¿Debo dejar el original?
SR. MÉNDEZ	—No. Nosotros sacamos fotocopias de todos los documentos.
SRTA. RUIZ	—Ah, muy bien. Así es mejor.
SR. MÉNDEZ	—¿Es Ud. ciudadana norteamericana, señorita Ruiz?
SRTA. RUIZ	—No, pero tengo residencia.
SR. MÉNDEZ	—Necesito su tarjeta de inmigración.
SRTA. RUIZ	—¿La tarjeta verde? Aquí está.
SR. MÉNDEZ	—Dentro de diez días, Ud. debe recibir su número por correo.
SRTA. RUIZ	—Pero yo necesito llevar el número al trabajo hoy.
SR. MÉNDEZ	—Aquí tiene un comprobante de su solicitud.

At the Social Security Office

As soon as she's twenty-one years old, Miss Ana Ruiz Cortes comes to the Social Security Office to apply for a number. Now she is in Mr. Mendez's office.

MISS RUIZ:	—I've come to apply for a number.
MR. MENDEZ:	To apply for a social security card, you must fill out this form.
MISS RUIZ:	Very well. Thank you.

A while later

MR. MENDEZ:	Let's see . . . Is it complete?
MISS RUIZ:	I think so.

MR. MENDEZ:	What is your father's last name?
MISS RUIZ:	Ruiz. Cortes is my mother's surname.
MR. MENDEZ:	We need your birth certificate, Miss Ruiz.
MISS RUIZ:	I have a baptismal certificate. I think it's the same.
MR. MENDEZ:	Yes, you're right. It is (a) proof of the date of your birth.
MISS RUIZ:	But it is in Spanish . . .
MR. MENDEZ:	It doesn't matter. We have translators.
MISS RUIZ:	Must I leave the original (copy)?
MR. MENDEZ:	No. We make photocopies of all the documents.
MISS RUIZ:	Ah, very well. That way is better.
MR. MENDEZ:	Are you an American citizen, Miss Ruiz?
MISS RUIZ:	No, but I have residency.
MR. MENDEZ:	I need your immigration card.
MISS RUIZ:	The green card? Here it is.
MR. MENDEZ:	Within ten days, you should receive your number by mail.
MISS RUIZ:	But I need to take the number to work today.
MR. MENDEZ:	Here is a voucher of your application.

VOCABULARY

COGNATES

el **certificado**	certificate	la **inmigración**	immigration
completo(-a)	complete	**norteamericano(-a)**	American
el **documento**	document	**original**	original
la **fotocopia**	photocopy		

NOUNS

el **certificado (la partida) de bautismo**
  baptismal certificate
el **certificado (la partida) de nacimiento**
  birth certificate
el, la **ciudadano(-a)**   citizen
el **comprobante**   voucher, proof
la **madre, mamá**   mother, mom
el **nacimiento**   birth
la **prueba**   proof
la **solicitud**   application
la **tarjeta**   card
la **tarjeta de seguro social**   social security
  card
el **trabajo**   work, job
el, la **traductor(-a)**   translator

VERBS

dejar   to leave (behind)
solicitar   to apply

OTHER WORDS AND EXPRESSIONS

al rato   a while later
aquí está   here it is
así   that way, like that, so
dentro de   in, within
fecha de nacimiento   date of birth
hoy   today
igual, lo mismo   the same (thing)
no importa   it doesn't matter
por correo   by mail
sacar fotocopias   to make photocopies
tan pronto como   as soon as
todos(-as)   all

DIALOGUE RECALL PRACTICE

Study the dialogue you have just read; then complete the sentences below. If you cannot recall certain words, reread the dialogue, focusing on the words you missed and learning them within the context of the sentences in which they appear.

Tan pronto como tiene 21 años, la señorita Ana Ruiz Cortés viene a la Oficina de Seguro Social para solicitar un número. Ahora está en la oficina del señor Méndez.

SRTA. RUIZ —............................ a .... un número.

SR. MÉNDEZ —Para .... una .... de ....

.... , Ud. debe .... una

....

SRTA. RUIZ —Muy ...., gracias.

Al rato.

SR. MÉNDEZ —A ver... ¿........................ .... ?

SRTA. RUIZ —Creo ....

SR. MÉNDEZ —¿Cuál es el .... de su .... ?

SRTA. RUIZ —Ruiz. Cortés es el .... de mi ....

SR. MÉNDEZ —Necesitamos su ....

.... , señorita Ruiz.

SRTA. RUIZ —Tengo un ....

.... que es ....

SR. MÉNDEZ —Sí, tiene .... Es una .... de la

.... de su ....

SRTA. RUIZ —Pero está en ....

SR. MÉNDEZ — .... Tenemos ....

SRTA. RUIZ —¿Debo .... el .... ?

SR. MÉNDEZ —No. Nosotros .... de todos los

....

SRTA. RUIZ —Ah, muy bien. .... es mejor.

SR. MÉNDEZ —¿Es Ud. .... , señorita Ruiz?

SRTA. RUIZ —No, pero ....

SR. MÉNDEZ —Necesito su ....

SRTA. RUIZ —¿La .... verde? Aquí ....

SR. MÉNDEZ —............................. .... diez dias, Ud. debe

.... su número ....

SRTA. RUIZ —Pero yo .... el número

.... trabajo hoy.

SR. MÉNDEZ —Aquí tiene un .... de su ....

LET'S PRACTICE!

A. Complete the following sentences with the appropriate form of *tener* or *venir*.

1. Ella no .... el certificado de bautismo.

2. Yo .... a solicitar un certificado de nacimiento.

3. Nosotros .... el comprobante de la solicitud.

4. Ellos .... del Departamento de Inmigración.

5. El documento .... por correo.

6. Tú .... todas las pruebas.

7. Yo .... a dejar la solicitud hoy.

8. José y tú .... los mismos documentos.

9. María y yo .... con mamá.

10. ¿Tú .... a solicitar la tarjeta verde?

B. Give the Spanish equivalent of the words that appear in parentheses.

1. Mi hermana es .... yo. (*older than*)

2. ¿Tu primo es .... tú? (*younger than*)

3. La fotocopia de ella es ....

todas. (*the worst of*)

4. .... reciben el número,

llevan la tarjeta al trabajo. (*as soon as*)

5. La enfermera trabaja .... el médico. (*more

than*)

28

QUESTION-ANSWER EXERCISES

A. Answer the following questions in complete sentences.

1. ¿Qué viene a solicitar la señorita Ruiz a la Oficina de Seguro Social?

....

2. ¿Qué debe llenar la señorita Ruiz para solicitar un número?

....

3. ¿Cree la señorita Ruiz que su solicitud está completa?

....

4. ¿Qué documento es una prueba de la fecha de nacimiento de la señorita Ruiz?

....

5. ¿Está el certificado de bautismo en inglés?

....

6. ¿Por qué no necesita dejar el original la señorita Ruiz?

....

7. ¿Es ciudadana norteamericana la señorita Ruiz?

....

8. ¿Dentro de cuántos días debe recibir su número la señorita Ruiz?

....

B. And now, answer these personal questions.

1. ¿Es Ud. ciudadano norteamericano?

....

2. ¿Saca Ud. fotocopias de sus documentos?

....

3. ¿Tiene Ud. una «tarjeta verde»? ¿Por qué?

....

4. ¿Cuál es su número de seguro social?

....

5. ¿Cuál es el apellido de su padre?

   ....

6. ¿Qué documentos son pruebas de la fecha de nacimiento?

   ....

7. ¿En qué idioma está su partida de nacimiento?

   ....

8. ¿Tiene Ud. certificado de bautismo?

   ....

DIALOGUE COMPLETION

Use your imagination and the vocabulary learned in this lesson to complete the missing parts of this dialogue.

En la oficina de Seguro Social el señor Parra habla con la señorita Díaz.

SRTA. DÍAZ —Buenos días. ¿Qué desea?

SR. PARRA —..

SRTA. DÍAZ —Para solicitar una tarjeta de seguro social, Ud. debe llenar una planilla.

SR. PARRA —..

SRTA. DÍAZ —Sí, necesitamos una prueba de la fecha de su nacimiento.

SR. PARRA —..

SRTA. DÍAZ —No, no necesita dejar el certificado. Nosotros sacamos fotocopias de los documentos.

SR. PARRA —..

SRTA. DÍAZ —No importa, tenemos traductores en la oficina.

SR. PARRA —..

SRTA. DÍAZ —¿Es Ud. ciudadano norteamericano?

SR. PARRA —..

SRTA. DÍAZ —Entonces necesito su tarjeta de inmigración.

SR. PARRA —..

SRTA. DÍAZ —Sí, la tarjeta verde.

SR. PARRA —..

30

SRTA. DÍAZ —Dentro de diez días Ud. debe recibir su número de seguro social.

SR. PARRA —...

SRTA. DÍAZ —De nada.

SITUATIONAL EXERCISES

What would you say in the following situations?

1. You work for the Social Security Office, and you are talking to a woman who has just filled out a form. Ask her if it is complete. Then tell her you need her birth certificate or baptismal certificate, because they are proofs of her date of birth. Tell her also that she does not need to leave the original document because you make photocopies of all (the) documents.
2. You are talking to an employee at the Social Security Office. Tell him that you are not an American citizen, but that you have your immigration card. Tell him also that you need to take the voucher of your application to work.
3. You are talking to a Mr. Vera about his social security number. Tell him that he should receive it by mail in ten days.

VOCABULARY EXPANSION

el **certificado de defunción**   death certificate
el **certificado de matrimonio**   marriage
  certificate
la **copia**   copy
el, la **empleado(-a)**   employee, clerk
el, la **inmigrante**   immigrant
los **(inmigrantes) ilegales**   illegal aliens
jubilado(-a), retirado(-a)   retired

muerto(-a), fallecido(-a)   deceased
la **oficina de correos**   post office
el **pasaporte**   passport
la **profesión**   profession
la **raza**   race
la **religión**   religion
la **visa**   visa

Complete the following sentences, using the new words and expressions presented in the Vocabulary Expansion.

1. ¿Tiene Ud. su .... de matrimonio, señora?

2. Los .... deben trabajar todos los días.

3. ¿Cuál es la .... de su esposo? ¿Es trabajador social?

4. Necesito dos .... de su certificado de nacimiento.

5. No trabaja. Esta ....

6. Sacamos las fotocopias en la ....

7. No son inmigrantes .... Tienen .... y visa.

8. ¿Vive el papá de ella o está .... ?

9. Ella es de .... blanca.

10. ¿Fallecido? Entonces necesitamos el ....

11. ¿Mi .... ? Soy protestante.

31

Lesson 5

Una entrevista

Son las ocho y cinco de la mañana. En la Oficina del Departamento de Bienestar Social, hay varias personas que necesitan ayuda del condado. La Srta. Soto, trabajadora social, comienza su primera entrevista del día.

SRTA. SOTO —¿Cuál es su problema, señora?

JULIA LARA —Mi esposo y yo ya no vivimos juntos…

SRTA. SOTO —¿Esa situación es permanente o hay alguna posibilidad de reconciliación?

JULIA LARA —Yo estoy segura de que él no piensa regresar.

SRTA. SOTO —¿Y qué va a hacer Ud. si él viene?

JULIA LARA —Yo no quiero nada con él.

SRTA. SOTO —Bueno, voy a traer las planillas que Ud. debe llenar.

JULIA LARA —¿Debo llenar las planillas ahora mismo?

SRTA. SOTO —Si quiere… pero va a necesitar otros papeles.

JULIA LARA —¿Qué papeles?

SRTA. SOTO —Su certificado de nacimiento y una prueba de su ciudadanía.

JULIA LARA —Yo soy extranjera, pero soy residente.

SRTA. SOTO —¡Bien! También necesita tener un documento de identificación con su fotografía.

JULIA LARA —¿Mi tarjeta de seguro social?

SRTA. SOTO —No, debe tener su fotografía.

JULIA LARA —Ah, sí, tiene razón. ¿Eso es todo?

SRTA. SOTO —No. ¿Tiene Ud. casa propia?

JULIA LARA —Sí. ¿Quiere ver los documentos?

SRTA. SOTO —Sí, y también los cupones de la hipoteca.

JULIA LARA —¿Necesito también los papeles del coche?

SRTA. SOTO —Sí, y los papeles del seguro.

JULIA LARA —Muy bien. Entonces regreso la semana próxima.

An Interview

It is five after eight in the morning. At the Department of Social Welfare there are several people who need assistance from the county. Miss Soto, a social worker, begins her first interview of the day.

MISS SOTO: What is your problem, Madam?

JULIA LARA: My husband and I no longer live together. . . .

MISS SOTO: Is the situation permanent or is there (any) possibility for a reconciliation?

JULIA LARA: I am sure that he is not planning on coming back.

MISS SOTO: And what are you going to do if he comes?

JULIA LARA: I don't want anything to do with him.

MISS SOTO: Fine, I'm going to bring the forms that you must fill out.

JULIA LARA: Must I fill out the forms right now?

MISS SOTO: If you want to . . . but you are going to need other papers.
JULIA LARA: What papers?
MISS SOTO: Your birth certificate and proof of (your) citizenship.
JULIA LARA: I am (a) foreigner, but I am (a) resident.
MISS SOTO: Fine! You also need to have an I.D. with your picture.
JULIA LARA: My social security card?
MISS SOTO: No, it must have your photograph.
JULIA LARA: Oh, yes, you're right. Is that all?
MISS SOTO: No. Do you own your house?
JULIA LARA: Yes. Do you want to see the documents?
MISS SOTO: Yes, and also the mortgage coupons.
JULIA LARA: Do I also need the papers for the car?
MISS SOTO: Yes, and the insurance papers.
JULIA LARA: Very well. Then I'll be back next week.

VOCABULARY

COGNATES

el **automóvil** automobile	la **persona** person
el **cupón** coupon	la **posibilidad** possibility
la **fotografía** photograph	la **reconciliación** reconciliation
la **identificación** identification	el, la **residente** resident
permanente permanent	la **situación** situation

NOUNS
la **ciudadanía** citizenship
el **coche, carro** car
el **condado** county
la **entrevista** interview
la **hipoteca** mortgage
la **mujer** woman
el **papel** paper
las **personas** people
el **seguro**, la **aseguranza** insurance
la **semana** week

VERBS
hacer[1] to do
pensar (e:ie) to think, to plan
regresar to return, to go (come) back
traer[1] to bring

ADJECTIVES
extranjero(-a) foreign
juntos(-as) together
propio(-a) own
próximo(-a) next
varios(-as) several

OTHER WORDS AND EXPRESSIONS
ahora mismo right now
esa that (f.)
estar seguro(-a) de que... to be sure that . . .
nada nothing
que who, that
la semana próxima, la semana que viene
   next week
tener casa propia to own a house
ya no no longer

DIALOGUE RECALL PRACTICE

Study the dialogue you have just read; then complete the sentences below. If you cannot recall certain words, reread the dialogue, focusing on the words you missed and learning them within the context of the sentences in which they appear.

La señora Julia Lara está en la oficina de la Srta. Soto.

SRTA. SOTO   —¿Cuál es su .... , señora?

---
[1]This irregular verb is conjugated in Lesson 7 of *Basic Spanish Grammar.*

SRA. LARA —Mi esposo y yo .... vivimos

....

SRTA. SOTO —¿Esa .... es .... o hay alguna

.... de .... ?

SRA. LARA —Yo .... de que él no

....

SRTA. SOTO —¿Y qué ....

Ud. si él viene?

SRA. LARA —Yo no quiero .... con él.

SRTA. SOTO —Bueno, ...

las planillas que Ud. ....

SRA. LARA —¿Debo .... las planillas ....

.... ?

SRTA. SOTO —Si quiere... pero ....

.... otros ....

SRA. LARA —¿Qué .... ?

SRTA. SOTO —Su .... y una

prueba de su ....

SRA. LARA —Yo soy .... , pero soy ....

SRTA. SOTO —¡Bien! También .... un documento

de .... con su ....

SRA. LARA —¿Mi tarjeta de .... ?

SRTA. SOTO —No, debe tener su ....

SRA. LARA —Ah, sí, ... ¿Eso

.... ?

SRTA. SOTO —No, ¿Tiene Ud. .... ?

SRA. LARA —Sí. ¿Quiere .... los documentos?

SRTA. SOTO —Sí, y también los .... de la ....

SRA. LARA —¿Necesito también los .... del carro?

SRTA. SOTO —Sí, y los .... del ....

SRA. LARA —Muy bien. Entonces .... la ....

....

LET'S PRACTICE!

A. Say what time it is.

3:40 ....

7:25 ....

9:30 ....

2:15 ....

11:45 ....

12:00 ....

B. Complete these sentences using the Spanish equivalent of the verbs in parentheses. Be sure to make the verbs agree with the subjects.

1. Ella no .... traer los cupones de la hipoteca.   (wants)

2. Nosotros .... a llenar la tarjeta de identificación.   (begin)

3. ¿ .... tú tener casa propia?   (prefer)

4. Ellos .... la entrevista con el señor Pérez.   (begin)

5. Nosotros .... estar seguros de que ellos no viven juntos.   (want)

6. Yo .... la semana que viene.   (start)

7. Él y yo .... la oficina ahora mismo.   (close)

8. La señora extranjera no .... inglés.   (understands)

9. ¿ .... Uds. mucho dinero?   (lose)

10. Rosa y yo .... tener los papeles del seguro aquí.   (prefer)

C. Complete these sentences with the appropriate form of *ir a* + *infinitive* and with an infinitive from the following list.

pagar   ir   regresar   llevar   vivir   traer

1. ¿Tú no .... la fotografía?

2. El esposo de la señora Lara no .... a la oficina hoy.

3. Ellos ya no .... juntos.

4. ¿ .... Uds. la aseguranza la semana próxima?

36

5. Yo .... los papeles del seguro ahora mismo.

6. Nosotros no .... a la oficina de Seguro Social.

D. Write the following ordinal numbers.

4°. (4th) ....   10°. (10th) ....

1°. (1st) ....   2°. (2nd) ....

3°. (3rd) ....   5°. (5th) ....

QUESTION-ANSWER EXERCISES

A. Answer the following questions in complete sentences.

1. ¿Cuántas personas hay en la Oficina de Bienestar Social?

  ....

2. ¿Con quién tiene una entrevista la señora Lara?

  ....

3. ¿Viven juntos la señora Lara y su esposo?

  ....

4. ¿Es permanente la situación de la señora Lara o hay posibilidad de reconciliación?

  ....

5. ¿Piensa regresar el esposo de la señora Lara?

  ....

6. ¿Debe la señora Lara llenar las planillas ahora mismo?

  ....

7. ¿Es la señora Lara norteamericana o extranjera?

  ....

8. ¿Por qué la tarjeta de seguro social no es un documento de identificación?

  ....

9. ¿Cuándo debe regresar la señora Lara?

  ....

10. ¿Qué documentos quiere ver la señorita Soto?

  ....

B. And now, answer these personal questions.

1. ¿De qué estado es Ud. residente?

   ....

2. ¿Tiene Ud. la ciudadanía norteamericana o es Ud. residente de los Estados Unidos?

   ....

3. ¿Tiene su familia casa propia?

   ....

4. ¿Hay exámenes la semana próxima?   ¿Está Ud. seguro?

   ....

5. ¿Son extranjeros sus padres?

   ....

6. ¿Dónde tiene Ud. los papeles de su carro?

   ....

7. ¿Va a tener usted una entrevista hoy?

   ....

8. ¿Piensa usted regresar la semana próxima?

   ....

DIALOGUE COMPLETION

Use your imagination and the vocabulary learned in this lesson to complete the missing parts of this dialogue.

En una oficina del condado, la señora Martí habla con el señor Díaz, porque ella necesita ayuda.

SR. DÍAZ   —...

SRA. MARTÍ —No, él no trabaja, y nosotros ya no vivimos juntos.

SR. DÍAZ   —...

SRA. MARTÍ —No, él no manda dinero.

SR. DÍAZ   —...

SRA. MARTÍ —Si lleno la planilla ahora mismo, ¿voy a recibir la ayuda hoy?

SR. DÍAZ   —...

SRA. MARTÍ —¿Qué otros papeles debo traer?

SR. DÍAZ —..

SRA. MARTÍ —No, señor.   Yo no soy norteamericana; soy extranjera.

SR. DÍAZ —..

SRA. MARTÍ —Sí, señor, soy residente de los Estados Unidos.

SR. DÍAZ —..

SRA. MARTÍ —Sí, aquí tengo un documento con mi fotografía.   ¿Eso es todo?

SR. DÍAZ —..

SRA. MARTÍ —No, señor, no tengo casa propia.

SR. DÍAZ —..

SRA. MARTÍ —Sí, tengo coche.   ¿Quiere ver los papeles del coche?

SR. DÍAZ —..

SITUATIONAL EXERCISES

What would you say in the following situations?

1. You are a social worker talking to a woman who has come to apply for financial aid because her husband has left her.   Ask her if she is sure that he is not going to return and then tell her you are going to bring some forms that she must fill out.   Tell her she is also going to need her birth certificate and proof of citizenship.
2. You are an eligibility worker telling Mr. Parra, who is from Costa Rica, that he needs his green card and also an I.D. with his picture on it.
3. You are a social worker talking to a Mrs. Olivera. Tell her that, if she owns her house, she must bring the mortgage coupons.   Tell her that she must bring the car papers and the insurance papers.   Finally, tell her she must return next week.

YOU'RE ON YOUR OWN!

Act out the following situation with a partner.

An eligibility worker is talking to a woman who is separated from her husband and needs financial aid from the county.   The worker makes sure the situation is permanent and then tells the woman what forms she must fill out and what documents she needs.

VOCABULARY EXPANSION

los **beneficios**   benefits
la **cantidad**   amount
la **cuenta corriente**   checking account
la **cuenta de ahorros**   savings account

la **discriminación**   discrimination
la **escritura de la casa**   deed
la **libreta de ahorros**   passbook
terminar   to end, to finish

Complete the following, using the new words and expressions presented in the Vocabulary Expansion.

1. ¿Tiene Ud. su dinero en una .... o en una .... ?

2. ¿Tiene Ud. casa propia? Necesito la ....

3. ¿Recibe Ud. .... de la oficina de Bienestar Social?

4. ¿La clase .... a las diez de la noche?

5. ¿Qué .... de dinero tiene Ud. en su cuenta de ahorros?

6. No tengo el número de mi ....

7. Aquí no hay .... por raza, religión o sexo.

LESSONS 1–5	VOCABULARY REVIEW

A. Circle the word that does not belong in each group.

1. apartamento, avenida, casa
2. año, mes, certificado
3. hermana, hijo, médico
4. recepcionista, trabajador social, hipoteca
5. comprobante, raza, cupón
6. segundo, bien, primero
7. identificación, renta, alquiler
8. electricidad, gas, fotografía
9. residente, propio, extranjero
10. hoy, así, mañana
11. fallecido, muerto, inmigrante
12. jubilado, empleado, retirado
13. abuelo, yerno, nuera
14. cuñada, suegra, tía
15. deuda, apartado postal, hipoteca
16. alimento, comida, copia
17. sobrina, madre, mamá
18. inicial, recibo, segundo nombre
19. oficina de correos, departamento de salud pública, inmigrantes ilegales
20. certificado de defunción, cuenta corriente, libreta de ahorros

B. Circle the word or phrase that best completes each sentence.   Then read the sentence aloud.

1. Mi nieto está incapacitado para trabajar porque es (paralítico, médico, enfermero).
2. Bueno, en mi casa viven tres personas (adultas, verdaderas, propias).
3. Para solicitar un número debe llenar (la planilla, el condado, la puerta).
4. Mi prima no tiene trabajo; por eso es (correcta, elegible, paralítica) para recibir estampillas para alimentos.
5. Entonces, ¿tu hermano vive ahora en otro (país, dinero, pasaporte)?
6. Mi esposo no (firma, manda, termina) dinero para su hija.
7. Para pasado mañana necesito toda la (visa, prueba, información) sobre el caso.
8. El certificado de nacimiento es una prueba de la (solicitud, fecha, aseguranza) de su nacimiento.
9. No importa, nuestros padres también sacan (seguros, fotocopias, traductores) de todos los documentos.
10. A ver, si usted necesita ayuda (urgente, segunda, ciega) debe hablar con la señora Díaz.
11. La oficina del señor Pérez está (ahora mismo, a la derecha, por correo).

12. El jefe de familia necesita (ciudadano, discriminación, alimento) para los niños.

13. Esta mujer necesita (mandar, regresar, hacer) ahora mismo.

14. Su madrastra debe traer (los papeles, el condado, el país) dentro de una semana.

15. Esa situación no es (permanente, incapacitada, residente).

16. Su padrastro necesita ayuda (en dinero, original, a la izquierda).

17. Mi esposa saca varias (cantidades, tarjetas, fotocopias) del documento.

18. La (tarjeta verde, tarjeta de seguro social, cuenta de ahorros) es un documento de identificación.

19. Si son casados deben traer su (certificado de matrimonio, religión, escritura de la casa).

20. Debo pagar la cuenta del (trabajo, beneficio, agua).

C. Match the questions in column A with the answers in column B.

A

1. ¿Qué desea usted? ____
2. ¿Necesita dinero? ____
3. ¿Cuántos meses de alquiler debe?
4. ¿Recibe su familia alguna ayuda del gobierno? ____
5. ¿Cuánto paga de alquiler? ____
6. ¿Qué otras cuentas debe pagar? ____
7. ¿Está separada de su esposo? ____
8. ¿Eso es todo? ____
9. ¿Cuál es la fecha de hoy? ____
10. ¿Cuándo debe salir de la casa? ____
11. ¿Por qué necesita ver al médico? ____
12. ¿Cuál es su nombre completo? ____
13. ¿Tiene usted casa propia? ____
14. ¿Dónde debo dejar los documentos? ____
15. ¿Viven ustedes juntos? ____
16. ¿Cuál es su edad? ____
17. ¿Cuál es su profesión? ____
18. ¿Ella es la madrastra de Eva? ____

B

a. Sí, desde julio.
b. Trescientos dólares mensuales.
c. No, pago renta.
d. Hablar con un trabajador social.
e. El gas y el teléfono.
f. Creo que sí.
g. Mañana.
h. Porque estoy embarazada.
i. Aquí en la oficina.
j. Sí, para pagar el alquiler.
k. Doce de septiembre.
l. Ya no. Estamos separados.
m. Tres.
n. Veinticinco años.
o. No, ahora no.
p. José Pérez García.
q. Creo que no.
r. Soy enfermero.

D. Crucigrama

HORIZONTAL

4. Necesito ____ para comida.
5. Mi fecha de ____ es 15 de mayo de 1964.
8. Ella es de Estados Unidos. Es ____
10. papá
11. *slowly,* en español
14. Estoy segura de ____ él no va a venir.
15. *blind,* en español.
17. ¿____ hijos tiene usted?
18. renta
20. *please:* ____ de
21. En una ____ hay siete días.
23. California es un ____ .
27. Ella no es de este país. Es ____
28. Él es ____ social.
29. opuesto de «algo»
30. *to enter,* en español

42

VERTICAL

1. Debe llenar la planilla con letra de
   _____ .
2. madre
3. *Welfare Department:* Departamento
   de _____ Social
6. lo mismo
7. *To be sure:* Estar _____
9. la tarjeta verde: la tarjeta de _____
10. La semana que viene: la semana _____
12. *electricity,* en español

13. Necesitamos el _____ de bautismo.
16. Hay cien _____ en un dólar.
19. *Zip Code:* Zona _____
22. *interview,* en español
23. Tengo veinte años de _____ .
24. nombre: ayuda; verbo: _____
25. *citizenship,* en español
26. seguro

Lesson 6

Al año siguiente

El señor Juárez entrevista a la señora Lara para re-evaluar su caso.

SR. JUÁREZ	—Vamos a ver cuál es su situación actual.
SRA. LARA	—La misma de antes, pero ahora recibo menos dinero. ¿Por qué?
SR. JUÁREZ	—Porque su hija mayor ya no vive con Uds.
SRA. LARA	—Pero mi hija menor todavía vive conmigo y ahora todo cuesta más.
SR. JUÁREZ	—Son los reglamentos. Si hay menos personas, Ud. recibe menos dinero.
SRA. LARA	—El dinero que recibo ahora no alcanza para nada.
SR. JUÁREZ	—Pero ahora Ud. trabaja ocho horas al día…
SRA. LARA	—Solamente los lunes, miércoles y viernes. Tengo que trabajar para hacer los pagos de la casa.
SR. JUÁREZ	—Pero hay que notificar esos cambios en seguida, señora Lara.
SRA. LARA	—Es que mi situación es muy difícil.
SR. JUÁREZ	—¿Qué otros gastos tiene ahora?
SRA. LARA	—Primero, ahora que trabajo, gasto más en ropa y gasolina… También necesitamos un refrigerador nuevo…
SR. JUÁREZ	—Lo siento, pero Ud. no tiene derecho a recibir más dinero.
SRA. LARA	—No es justo… ¿No puede hacer algo por mí?
SR. JUÁREZ	—Yo no puedo hacer nada, pero si Ud. no está de acuerdo, puede escribir una carta y pedir una revisión de su caso.
SRA. LARA	—¿Puedo hablar con un supervisor?
SR. JUÁREZ	—Ahora no hay ninguno disponible, pero puede pedir una entrevista para la semana próxima.

The Following Year

Mr. Juarez interviews Mrs. Lara to reevaluate her case.

MR. JUAREZ:	Let's see what your present situation is.
MRS. LARA:	The same as before, but now I receive less money. Why?
MR. JUAREZ:	Because your oldest daughter no longer lives with you.
MRS. LARA:	But my youngest daughter is still living with me, and now everything costs more.
MR. JUAREZ:	(Those) are the rules. If there are fewer people, you receive less money.
MRS. LARA:	The money that I receive now is not enough for anything.
MR. JUAREZ:	But now you're working eight hours a day . . .
MRS. LARA:	Only on Mondays, Wednesdays, and Thursdays. I have to work to make the house payments.
MR. JUAREZ:	But it is necessary to indicate those changes right away, Mrs. Lara.
MRS. LARA:	It's just that my situation is very difficult. . . .
MR. JUAREZ:	What other expenses do you have now?

MRS. LARA: First, now that I'm working, I spend more on clothes and gasoline . . . We also need a new refrigerator. . . .
MR. JUAREZ: I'm sorry, but you don't have (the) right to receive more money.
MRS. LARA: It's not fair. . . . Can't you do something for me?
MR. JUAREZ: I can't do anything, but if you don't agree, you may write a letter and ask for a review of your case.
MRS. LARA: May I talk with a supervisor?
MR. JUAREZ: Right now there is no one available, but you can request an interview for next week.

VOCABULARY

COGNATES

la **gasolina** gasoline	la **revisión** review
el **refrigerador** refrigerator	el, la **supervisor(-a)** supervisor

NOUNS

el **cambio** change
la **carta** letter
el **derecho** right
el **gasto** expense
la **hora** hour
el **pago** payment
las **personas,** la **gente** people
el **reglamento** rule
la **ropa** clothes, clothing

VERBS

alcanzar to be enough
costar (o:ue) to cost
entrevistar to interview
gastar to spend (*money*)
notificar to indicate
pedir[1] to ask for, to request
re-evaluar to reevaluate

ADJECTIVES

actual present

disponible available
justo(-a) fair
mayor older, oldest
menor younger, youngest
mismo(-a) same
nuevo(-a) new
siguiente following

OTHER WORDS AND EXPRESSIONS

ahora que... now that . . .
al día a (per) day
antes before
en seguida right away
estar de acuerdo to agree
la misma de antes the same as before
por for (one's benefit)
solamente only
todavía still
todo everything
vamos a ver let's see

DIALOGUE RECALL PRACTICE

Study the dialogue you have just read; then complete the sentences below. If you cannot recall certain words, reread the dialogue, focusing on the words you missed and learning them within the context in which they appear.

El señor Juárez entrevista a la señora Lara para re-evaluar su caso.

SR. JUÁREZ —Vamos a ver .... su situación

....

---

[1]This irregular verb is conjugated in Lesson 7 of *Basic Spanish Grammar*.

SRA. LARA — ....

.... , pero ahora recibo .... dinero.

¿...................................... .... ?

SR. JUÁREZ —Porque su hija .... ya no ....

.... Uds.

SRA. LARA —Pero mi hija .... vive y ahora todo

....

SR. JUÁREZ —Son los .... Si hay menos .... , Ud. recibe

....

SRA. LARA —El dinero .... recibo ahora no ....

....

SR. JUÁREZ —Pero ahora Ud. .... ocho horas ....

....

SRA. LARA —............................ los lunes, miércoles y viernes. ....

.... trabajar para .... los

.... de la casa.

SR. JUÁREZ —Pero .... esos

cambios .... , señora Lara.

SRA. LARA —..................................... .... mi situación es muy

....

SR. JUÁREZ —¿Qué otros .... tiene ahora?

SRA. LARA —Primero, ... trabajo,

.... más en .... y

.... También necesitamos un ....

....

SR. JUÁREZ —Lo siento, pero Ud. no tiene .... a .... más

dinero.

SRA. LARA —No es .... ¿No .... hacer

.... por .... ?

SR. JUÁREZ —Yo no .... , pero

si Ud. no .... ,

puede escribir una .... y .... una

.... de su caso.

SRA. LARA —¿..................... hablar con un .... ?

SR. JUÁREZ —..................... no hay .... ,

pero .... pedir una .... para la

....

LET'S PRACTICE!

A. Complete the following sentences with the appropriate definite article if any is needed.

1. La señora Lara trabaja solamente .... lunes, miércoles y viernes.

2. ¿Por qué no trabaja hoy la señora Lara? ¿Porque es .... martes?

3. Ud. debe venir mañana para .... próxima entrevista.

4. Ellos prefieren trabajar en .... verano.

5. .... situación es muy difícil.

6. .... mujeres reciben más dinero.

B. Change each of the following sentences into the affirmative.

1. Él no necesita nada.

   ....

2. Ellas nunca notifican los cambios.

   ....

3. El dinero no alcanza jamás.

   ....

4. Tampoco podemos re-evaluar su caso.

   ....

5. Nadie está de acuerdo con los gastos.

   ....

6. No hay ninguno disponible.

   ....

7. No vienen ni la hija mayor ni la hija menor.

....

8. ¿No tiene ningún gasto?

....

B. Complete the following verb chart.

INFINITIVO	YO	TÚ	UD., ÉL, ELLA	NOSOTROS	UDS., ELLOS, ELLAS
	vuelo				
		puedes			
			recuerda		
				dormimos	
					vuelven
costar					

C.   You are needed as an interpreter.   Translate the following sentences into Spanish.

1. What must I do to request the revision of the ....

    case? ....

    You can write a letter. ....

2. What do I have to do to reevaluate her case? ....

    You have to see if there are any changes in ....

    the present situation. ....

3. Is your daughter still living with you? ....

    Yes, she's still living with me. ....

4. Can you do anything for me? ....

    No, I'm sorry. ....

QUESTION-ANSWER EXERCISES

A.   Answer the following questions in complete sentences.

1. ¿Cuál es la situación actual de la señora Lara?

....

49

2. ¿Por qué la señora Lara recibe ahora menos dinero?

   ....

3. ¿Cuántas horas al día trabaja ahora la señora Lara?

   ....

4. ¿Cuántos días a la semana trabaja la señora Lara?   ¿Cuáles son?

   ....

5. ¿Por qué tiene que trabajar la señora Lara?

   ....

6. Ahora que trabaja, ¿qué otros gastos tiene la señora Lara?

   ....

7. ¿Es nuevo el refrigerador de la señora Lara?

   ....

8. ¿Tiene la señora Lara derecho a recibir más dinero?

   ....

9. ¿Qué puede hacer la señora Lara si no está de acuerdo?

   ....

10. Para pedir una revisión de su caso, ¿qué tiene que hacer la señora Lara?

   ....

11. ¿Con quién quiere hablar la señora Lara?

   ....

12. ¿Hay algún supervisor disponible?

   ....

B.   And now, answer these personal questions.

1. ¿Recibe Ud. ahora más o menos dinero que antes?

   ....

2. ¿Vive Ud. con sus padres?

   ....

3. ¿Cuántas horas al día trabaja Ud.?

   ....

4. ¿Tiene Ud. que trabajar los sábados?

   ....

5. ¿Qué gastos mensuales tiene Ud.?

   ....

6. ¿Necesita Ud. un refrigerador nuevo?

   ....

7. Yo creo que Ud. no tiene derecho a recibir más dinero.   ¿Está Ud. de acuerdo?

   ....

8. Trabajo mucho y recibo muy poco dinero.   ¿Es justo?

   ....

DIALOGUE COMPLETION

Use your imagination and the vocabulary learned in this lesson to complete the missing parts of this dialogue.

El señor Mora re-evalúa el caso de la señora Albo.

SR. MORA   —¿Qué problemas tiene Ud., señora Albo?

SRA. ALBO   —...

SR. MORA   —¿Cuánto dinero recibe Ud. ahora?

SRA. ALBO   —...

SR. MORA   —¿Viven en su casa las mismas personas?

SRA. ALBO   —...

SR. MORA   —Señora, si hay menos personas en su casa, Ud. recibe menos dinero.

SRA. ALBO   —...

SR. MORA   —Sí, señora, es justo y es el reglamento.

SRA. ALBO   —...

SR. MORA   —¿Qué otros gastos tiene Ud. ahora?

SRA. ALBO   —...

SR. MORA   —¿Trabaja Ud. ahora?

SRA. ALBO   —...

SR. MORA	—¿Qué días trabaja Ud. y cuántas horas trabaja?
SRA. ALBO	—..
SR. MORA	—Ud. debe notificar todos los cambios en seguida, señora.
SRA. ALBO	—..
SR. MORA	—Está bien, señora, su situación es difícil, pero Ud. no tiene derecho a recibir más dinero.
SRA. ALBO	—..
SR. MORA	—Si Ud. no está de acuerdo puede pedir una revisión de su caso.

SITUATIONAL EXERCISES

What would you say in the following situations?

1. You are interviewing Mr. Ochoa for a case reevaluation. Tell him that he is receiving less money because his younger daughter is no longer living with him. Explain to him that, if there are fewer people living in the house, he must receive less money. Also say that those are the rules.
2. You are a client, talking to a social worker about your situation. Tell him or her that you work eight hours a day but that the money you earn is not enough. Tell him or her that you have to make the house payments next week and that your situation is very difficult.
3. Explain to a client that he must indicate all changes right away. Also tell him that, if he doesn't agree with the rules, he can write a letter and request a review of his case.
4. Tell a client that there is no supervisor available, but that he can request an interview for next week.

YOU'RE ON YOUR OWN!

Act out the following situation with a partner.

A social worker is reevaluating a case and explaining the rules and regulations to his or her client, who is complaining about receiving less money. The number of people in the household, their working situation, and any changes in their income should be discussed.

VOCABULARY EXPANSION

el **aceite** oil	**distinto(-a)** different
arreglar to fix	**joven** young
cambiar to change	los **muebles** furniture
después (de) after, afterwards	**viejo(-a)** old

Complete the following sentences, using the new words and expressions presented in the Vocabulary Expansion.

1. La situación de ellos nunca .... Siempre es la misma.

2. El carro necesita gasolina y ....

3. Tiene 90 años: es muy ....

4. .... el coche cuesta 100 dólares.

5. Vamos a comprar .... nuevos para la casa.

6. Es muy .... ; tiene 16 años.

7. Su situación no es la misma; es ....

8. .... de hablar con la supervisora, voy a pedir una revisión de mi caso.

Lesson 7

Estampillas para alimentos

El señor López habla con la señora Roca, trabajadora social, sobre estampillas para alimentos.

SR. LÓPEZ —Necesito información sobre el programa de estampillas para alimentos.

SRA. ROCA —¿Cuál es su situación? ¿Está Ud. sin trabajo?

SR. LÓPEZ —No, pero gano muy poco y tengo una familia grande.

SRA. ROCA —¿Cuántos hijos tiene Ud.?

SR. LÓPEZ —Tengo siete y no puedo mantenerlos con mi sueldo.

SRA. ROCA —¿No tiene usted un trabajo extra?

SR. LÓPEZ —No, el trabajo que hago es duro y salgo tarde.

SRA. ROCA —¿Trabaja su esposa?

SR. LÓPEZ —No, mi esposa cuida a los niños.

SRA. ROCA —¿Cuánto dinero recibe Ud. al mes?

SR. LÓPEZ —Seiscientos ochenta dólares al mes.

SRA. ROCA —¿Recibe Ud. alguna ayuda del gobierno?

SR. LÓPEZ —No, pero vivo en un proyecto de la ciudad.

SRA. ROCA —¿Tiene Ud. cuenta corriente o cuenta de ahorros en el banco?

SR. LÓPEZ —Tengo solamente cuenta corriente.

SRA. ROCA —¿Cuáles son sus gastos mensuales en médico y medicinas?

SR. LÓPEZ —No sé… muchas veces, cuando los niños están enfermos no los llevamos al médico.

SRA. ROCA —Ud. no paga por el cuidado de sus hijos, ¿verdad?

SR. LÓPEZ —No, mi esposa los cuida siempre.

SRA. ROCA —Si su esposa consigue empleo, ¿puede alguien cuidar a los niños?

SR. LÓPEZ —No, no conocemos a nadie en el barrio…

SRA. ROCA —Bueno, Ud. es elegible para recibir estampillas.

SR. LÓPEZ —Bien, pero, ¿dónde se consiguen las estampillas?

SRA. ROCA —Debe llevar las pruebas de sus entradas y gastos al Departamento de Asistencia Social.

Food Stamps

Mr. Lopez speaks with Mrs. Roca, a social worker, about food stamps.

MR. LOPEZ: I need information about the food stamps program.

MRS. ROCA: What is your situation? Are you out of work?

MR. LOPEZ: No, but I earn very little, and I have a big family.

MRS. ROCA: How many children do you have?

MR. LOPEZ: I have seven, and I cannot support them on (with) my salary.

MRS. ROCA: Don't you have an extra job?

MR. LOPEZ: No, the job I do is hard and I leave late.

MRS. ROCA: Does your wife work?

MR. LOPEZ:	No, my wife takes care of the children.
MRS. ROCA:	How much money do you receive a month?
MR. LOPEZ:	$680 a month.
MRS. ROCA:	Do you receive any government aid?
MR. LOPEZ:	No, but I live in a city project.
MRS. ROCA:	Do you have a checking account or savings account in the bank?
MR. LOPEZ:	I have only a checking account.
MRS. ROCA:	What are your monthly medical expenses?
MR. LOPEZ:	I don't know . . . Often (many times), when the children are sick, we don't take them to the doctor.
MRS. ROCA:	You don't pay for the care of your children, do you?
MR. LOPEZ:	No, my wife always takes care of them.
MRS. ROCA:	If your wife gets (a) job, can anybody take care of the children?
MR. LOPEZ:	No, we don't know anybody in the neighborhood. . . .
MRS. ROCA:	Okay, you are eligible to receive stamps.
MR. LOPEZ:	Fine, where does one get the stamps?
MRS. ROCA:	You must take (the) proof of your income and expenses to the Department of Social Services.

VOCABULARY

COGNATES

el **banco**	bank	la **medicina**	medicine
extra	extra	el **proyecto**	project
la **familia**	family		

NOUNS

el **barrio**   neighborhood
la **cuenta corriente**   checking account
la **cuenta de ahorros**   savings account
el **cuidado**   care
el **empleo**   job
la **entrada**   income
la **esposa**, la **mujer**   wife
el **gobierno**   government
el **sueldo**   salary

VERBS

ganar   to earn
llevar   to take (*someone or something someplace*)

mantener (*conj. like* **tener**)   to support

ADJECTIVES

duro(-a)   hard

OTHER WORDS AND EXPRESSIONS

al mes   a (per) month
estar sin trabajo   to be unemployed (*out of work*)
muchas veces   many times
poco   little (*ref. to quantity*)
sin   without
tarde   late
sobre   about

DIALOGUE RECALL PRACTICE

Study the dialogue you have just read; then complete the sentences below. If you cannot recall certain words, reread the dialogue, focusing on the words you missed and learning them within the context in which they appear.

El señor López habla con la señora Roca, trabajadora social, sobre el programa de estampillas para alimentos.

SR. LÓPEZ   —Necesito .... sobre el programa de ....

....

SRA. ROCA —¿Cuál es .... ? ¿Está Ud.

.... ?

SR. LÓPEZ —No, pero .... muy .... y tengo una

.... grande.

SRA. ROCA —¿Cuántos .... tiene Ud?

SR. LÓPEZ —Tengo siete y no puedo .... con mi ....

SRA. ROCA —¿No .... usted un trabajo .... ?

SR. LÓPEZ —No, el trabajo que .... es .... y

.... tarde.

SRA. ROCA —¿Trabaja .... ?

SR. LÓPEZ —No, mi esposa .... a los niños.

SRA. ROCA —¿Cuánto dinero .... Ud. ....

.... ?

SR. LÓPEZ —Seiscientos ochenta ....

....

SRA. ROCA —¿Recibe Ud. .... ayuda del .... ?

SR. LÓPEZ —No, pero vivo en un .... de la ....

SRA. ROCA —¿Tiene Ud. .... o ....

de .... en el .... ?

SR. LÓPEZ —Tengo .... cuenta ....

SRA. ROCA —¿Cuáles son sus .... en médico y

.... ?

SR. LÓPEZ —No sé… .... , cuando los niños están

.... no los .... al médico.

SRA. ROCA —Ud. no paga por el .... de sus hijos, ¿.................................... ?

SR. LÓPEZ —No, mi .... los .... siempre.

SRA. ROCA —Si su esposa .... , ¿puede alguien

.... a los niños?

SR. LÓPEZ —No, no ………………… a nadie en el ………………… …

SRA. ROCA —Bueno, Ud. es ………………… para …………………

………………… .

SR. LÓPEZ —Bien, pero ¿dónde ………………… ………………… las

………………… ?

SRA. ROCA —Debe ………………… las pruebas de sus ………………… y

………………… al Departamento de …………………

………………… .

LET'S PRACTICE!

A. Complete the following verb chart.

INFINITIVO	YO	TÚ	UD., ÉL, ELLA	NOSOTROS	UDS., ELLOS, ELLAS
conseguir					
	sirvo				
		pides			
			sigue		
				decimos	
					persiguen

B. Change *nosotros* to *yo* in each of the following sentences.

1. Nosotros no conocemos a nadie en el barrio.

…………………………………………………………………………………………

2. Nosotros sabemos cuáles son las entradas de la familia.

…………………………………………………………………………………………

3. Nosotros traemos el dinero para las medicinas.

…………………………………………………………………………………………

4. Nosotros hacemos un trabajo muy duro.

…………………………………………………………………………………………

58

5. Nosotros ponemos el dinero en la cuenta corriente.

....

6. Nosotros salimos tarde del trabajo.

....

C. Answer each of the following questions substituting the appropriate object pronoun for the italicized expression.

Modelo: ¿Cuida su esposa *a los niños?*
Sí, ella **los** *cuida.*

1. ¿Mantiene Ud. *a su familia?*

....

2. ¿Consigue Ud. *estampillas para alimentos?*

....

3. ¿Lleva Ud. *a su hija* al médico?

....

4. ¿Conoce su esposa *a la nueva trabajadora social?*

....

5. ¿Sabe Ud. *la dirección del banco?*

....

6. ¿Pone Ud. *su sueldo* en la cuenta corriente?

....

7. ¿Necesita el señor Pérez *un empleo mejor?*

....

8. ¿Tienen ellos muchos *gastos?*

....

QUESTION-ANSWER EXERCISES

A. Answer the following questions in complete sentences.

1. ¿De qué habla el señor López con la trabajadora social?

....

2. ¿Qué información necesita el señor López?

....

3. ¿Por qué necesita estampillas para alimentos el señor López?

....

4. ¿Está sin trabajo el señor López?

....

5. ¿Por qué no puede mantener a sus hijos el señor López?

....

6. ¿Qué hace la esposa del señor López?

....

7. ¿Cuánto gana al mes el señor López?

....

8. ¿Dónde vive el señor López?

....

9. ¿Tiene el señor López una cuenta de ahorros en el banco?

....

10. ¿Por qué muchas veces no lleva a sus niños al médico el señor López?

....

11. ¿Paga el señor López por el cuidado de sus hijos?

....

12. ¿Cuántos hijos tiene el señor López?

....

B. And now, answer these personal questions.

1. ¿Está Ud. sin trabajo ahora?

....

2. ¿Cuánto dinero recibe Ud. al mes?

....

3. ¿Cuáles son sus gastos mensuales en médico y medicinas?

....

4. ¿Conoce Ud. a muchas personas en su barrio?

....

5. ¿Tiene Ud. una famila grande o pequeña?

   ....

6. ¿Recibe Ud. alguna ayuda del gobierno?

   ....

7. ¿Tiene Ud. cuenta corriente o cuenta de ahorros?   ¿En qué banco?

   ....

8. ¿Quién lo (la) cuida a Ud. cuando está enfermo(a)?

   ....

DIALOGUE COMPLETION

Use your imagination and the vocabulary learned in this lesson to complete the missing parts of this dialogue.

La señora Lara va al departamento de Bienestar Social para solicitar estampillas para alimentos. El señor Ríos habla con ella.

SR. RÍOS   —¿Qué desea Ud., señora?

SRA. LARA   —...

SR. RÍOS   —¿Por qué necesita Ud. estampillas para alimentos?

SRA. LARA   —...

SR. RÍOS   —¿Cuánto gana Ud. por mes?

SRA. LARA   —...

SR. RÍOS   —¿Cuántas personas hay en su familia?

SRA. LARA   —...

SR. RÍOS   —¿Quién cuida a sus hijos?

SRA. LARA   —...

SR. RÍOS   —¿Vive su mamá con Uds.?

SRA. LARA   —...

SR. RÍOS   —¿Dónde viven Uds.?

SRA. LARA   —...

SR. RÍOS   —¿En qué calle está el proyecto donde Ud. vive?

SRA. LARA   —...

SR. RÍOS	—¿Recibe Ud. alguna otra ayuda del gobierno?
SRA. LARA	—..
SR. RÍOS	—Muy bien. ¿Tiene Ud. dinero en el banco?
SRA. LARA	—..
SR. RÍOS	—¿Solamente una cuenta corriente?
SRA. LARA	—..
SR. RÍOS	—¿Cuánto dinero tiene en su cuenta?
SRA. LARA	—..
SR. RÍOS	—Bien. Ud. es elegible para recibir estampillas.
SRA. LARA	—..
SR. RÍOS	—Para recibir las estampillas Ud. debe llevar pruebas de sus entradas y de sus gastos al Departamento de Bienestar Social.

SITUATIONAL EXERCISES

What would you say in the following situations?

1. You are an eligibility worker, talking to a Mrs. Cabrera about food stamps. Ask her if she is unemployed and whether she receives any government aid. Also ask her how many children she has and what her monthly medical expenses are.

2. You are applying for food stamps. Tell the eligibility worker that you earn very little money, that you have a big family, and that you cannot support them with your salary. Tell him or her that you must pay for the care of your children and that you are having difficulty doing so (it is difficult).

3. Tell Mr. Fernandez, who is applying for food stamps, that he is eligible to receive stamps, and that he must take the proof of his income and expenses to the Department of Social Services.

4. Ask someone where one gets food stamps.

YOU'RE ON YOUR OWN!

Act out the following situation with a partner.

An eligibility worker is gathering information on a person applying for food stamps. The worker then tells the person what next to do to receive the stamps.

VOCABULARY EXPANSION

amarillo(-a) yellow
azul blue
el **domicilio actual** current address
los **espacios en blanco** blank spaces
la **fuente de ingreso** source of income
la **página adicional** additional page
rosado(-a) pink

tarjeta de inscripción de extranjeros alien registration card
trabajar parte del tiempo to work part-time
trabajar por cuenta propia to be self-employed
trabajar tiempo completo to work full-time

Complete the following sentences, using the new words and expressions presented in the Vocabuiary Expansion.

1. Debe llenar los .... con letras de molde.

2. Mi .... es calle Roma número 860.

3. Yo no trabajo para ninguna compañía. Trabajo ....

4. ¿Qué color prefieres? ¿El .... , el .... o el

   .... ?

5. Necesito una .... para escribir la información.

6. Yo no trabajo tiempo completo; trabajo ....

7. Yo no necesito la .... porque soy ciudadana norteamericana.

8. ¿Cuánto gana Ud.? ¿Cuáles son sus .... ?

Lesson 8

En el Departamento de Servicios Sociales

La señorita Rivas, del Departamento de Bienestar Social, está ayudando a la señora Báez a llenar una solicitud para recibir estampillas para alimentos.

SRTA. RIVAS	—Para empezar, debe completar esta primera página y dárnosla.
SRA. BÁEZ	—¿Nada más que la primera página?
SRTA. RIVAS	—Bueno, ésta es la principal, así que debe llenarla lo más pronto posible.
SRA. BÁEZ	—Muy bien. Pero yo necesito ayuda ahorita... No tenemos nada...
SRTA. RIVAS	—En ese caso debe contestar estas otras preguntas.
SRA. BÁEZ	—¿Y puedo recibir las estampillas en seguida?
SRTA. RIVAS	—Sí, dentro de unos días. ¿Alguien de su familia recibe algún sueldo?
SRA. BÁEZ	—No, porque mi esposo no está trabajando ahorita.
SRTA. RIVAS	—¿Y más tarde en el mes?
SRA. BÁEZ	—No,... no creo, porque mi esposo tiene problemas de salud...
SRTA. RIVAS	—Contándola a Ud., ¿cuántas personas viven y comen en su casa?
SRA. BÁEZ	—Nueve: mi marido y yo, mis seis hijos y mi mamá.
SRTA. RIVAS	—¿Cuánto dinero tienen estas personas en efectivo y en ahorros? Más o menos...
SRA. BÁEZ	—Unos ochenta dólares...
SRTA. RIVAS	—Debo avisarle que si Uds. tienen más dinero y no me lo dicen, no van a recibir las estampillas...
SRA. BÁEZ	—Bueno, para estar segura, se lo voy a preguntar a mi marido.
SRTA. RIVAS	—Si Ud. quiere, puede contestar estas hojas en casa y mandármelas por correo.
SRA. BÁEZ	—Bueno, pero quiero pedirle un favor... Si no las llenamos por completo, ¿puede Ud. ayudarme a completarlas?
SRTA. RIVAS	—Sí, cómo no.

At the Department of Social Services

Miss Rivas, of the Department of Social Services, is helping Mrs. Baez to fill out an application to receive food stamps.

MISS RIVAS:	To begin, you must complete this first page and give it to us.
MRS. BAEZ:	Just the first page?
MISS RIVAS:	Well, this one is the main one, so you must fill it out as soon as possible.
MRS. BAEZ:	Very well. But I need help right now. . . . We don't have anything. . . .
MISS RIVAS:	In that case you must answer these other questions.
MRS. BAEZ:	And can I receive the stamps right away?
MISS RIVAS:	Yes, in a few days. Does anyone in your family receive any salary?
MRS. BAEZ:	No, because my husband is not working right now.
MISS RIVAS:	And later in the month?
MRS. BAEZ:	No, . . . I don't think (so), because my husband has health problems. . . .

MISS RIVAS:	Counting you, how many people live and eat at your house?
MRS. BAEZ:	Nine: my husband and I, my six children, and my mother.
MISS RIVAS:	How much money do these people have in cash and in savings? More or less . . .
MRS. BAEZ:	About $80. . . .
MISS RIVAS:	I must warn you that if you have more money and don't tell me, you're not going to receive the stamps. . . .
MRS. BAEZ:	Well, to be sure, I'm going to ask my husband (about it).
MISS RIVAS:	If you want to, you can answer these sheets at home and send them to me by mail.
MRS. BAEZ:	Okay, but I want to ask you a favor. . . . If we don't fill them out completely, can you help me complete them?
MISS RIVAS:	Yes, of course.

VOCABULARY

NOUNS

los **ahorros**   savings
la **hoja**   sheet (of paper)
el **marido**   husband
la **página**   page
la **pregunta**   question
la **salud**   health

VERBS

avisar   to advise, to warn, to let (someone) know
completar   to complete
contestar   to answer

ADJECTIVES

principal   main

OTHER WORDS AND EXPRESSIONS

ahorita   right now (*colloq.*)
así que...   so . . .
cómo no   of course; certainly
dentro de unos días   within (in) a few days
en casa   at home
en efectivo   in cash
en ese caso   in that case
lo más pronto posible   as soon as possible
más tarde   later
nada (no) más que   just
pedir un favor   to ask a favor
por completo   completely
unos...   about . . .

DIALOGUE RECALL PRACTICE

Study the dialogue you have just read; then complete the sentences below. If you cannot recall certain words, reread the dialogue, focusing on the words you missed and learning them within the context in which they appear.

La señorita Rivas, del Departamento de Bienestar Social, está ayudando a la señora Báez a llenar una solicitud.

SRTA. RIVAS   —Para .... , debe .... esta primera

.... y ....

SRA. BÁEZ   —¿Nada más que ....

.... ?

SRTA. RIVAS   —Bueno, ésta es la .... , ...

.... debe llenarla ....

....

66

SRA. BÁEZ   —Muy bien. Pero yo necesito ....

No tenemos nada...

SRTA. RIVAS   —........................... .... debemos

.... estas otras ....

SRA. BÁEZ   —¿Y puedo .... las estampillas ....

.... ?

SRTA. RIVAS   —Sí, ...

.... ¿Alguien de su familia recibe algún

.... ?

SRA. BÁEZ   —No, porque mi esposo no ....

....

SRTA. RIVAS   —¿Y .... en el mes?

SRA. BÁEZ   —No, ... , porque mi esposo tiene

....

SRTA. RIVAS   —Contándola a Ud. ¿ .... viven y comen

en .... ?

SRA. BÁEZ   —Nueve: mi marido y .... , mis seis .... y mi

....

SRTA. RIVAS   —¿Cuánto dinero tienen estas personas ....

.... y en .... ? Más ....

....

SRA. BÁEZ   —........................... ochenta ....

SRTA. RIVAS   —Debo .... que si Uds. tienen más dinero y no

.... , no van a

recibir las ....

SRA. BÁEZ   —Bueno, para .... segura, ...

.... voy a .... a mi ....

SRTA. RIVAS   —Si Ud. quiere, puede .... estas .... en

.... y .... por correo.

SRA. BÁEZ   —Bueno, pero quiero ………………………… un ………………………… …

                Si no las llenamos ……………………… ………………………… , ¿puede Ud.

                ………………………… a completarlas?

SRTA. RIVAS   —Sí, ………………………… ………………………… .

LET'S PRACTICE!

A. **Complete each of these sentences with the appropriate form of the demonstrative adjective used in the numbered sentence.**

   1. La señorita Rivas necesita *estos* papeles.

      Mi marido no tiene trabajo ………………………… mes.

      La señora Báez debe llenar ………………………… hoja ahora mismo.

      Ud. debe contestar ………………………… preguntas.

   2. *Esa* señora está trabajando aquí.

      ………………………… señores van al Departamento de Bienestar Social.

      Ellos no reciben ………………………… dinero en efectivo.

      Ud. debe completar ………………………… páginas lo más pronto posible.

   3. *Aquéllos* son mis hijos.

      ………………………… es mi hija.

      ………………………… son sus preguntas.

      ………………………… es mi esposo.

B. **Complete these sentences using the present progressive tense of each verb in parentheses.**

   1. La señora Pérez ………………………… las preguntas de la recepcionista.   (contestar)

   2. ¿Cuántas personas ………………………… en su casa ahora?   (vivir)

   3. ¿………………………… Ud. estampillas para alimentos?   (recibir)

   4. ¿Por qué no ………………………… su esposo este mes?   (trabajar)

   5. Ella ………………………… las páginas que debe llenar más tarde.   (leer)

C. **Rewrite the following sentences substituting the appropriate indirect object pronouns for the words in parentheses. Make any necessary changes.**

   Modelo: Pide un favor. (a Ud.)
           Le pide un favor.

   1. Ella pregunta por la salud de mi marido. (a nosotros)

      …………………………………………………………………………………………

2. La señora Báez contesta.   (a la señora Paz)

....

3. El Departamento de Bienestar Social demora unos días en avisar.   (a ellos)

....

4. En ese caso debo avisar ahora.   (a mi esposo)

....

5. Traigo los papeles ahorita.   (a ellos)

....

6. No puedo venir mañana, así que voy a mandar la planilla por correo.   (a Ud.)

....

D.   You are needed as an interpreter.   Translate the following sentences into Spanish.

1. When are you going to send me
....

the food stamps?
....

I'm going to send them to you
....

in a few days, Miss Vera.
....

2. Do they speak to you in
....

English, Johnny?
....

No, they speak to me in Spanish.
....

3. You must complete these pages and
....

give them to us as soon as possible.
....

Very well.
....

4. When do I have to bring you the
....

money, Miss Soto?
....

You must bring it to me tomorrow.
....

5. Do you give the money to him?
....

No, I give it to her.
....

QUESTION-ANSWER EXERCISES

A.   Answer the following questions in complete sentences.

1. ¿Qué debe hacer la señora Báez para empezar?

....

2. ¿Qué página debe llenar la señora Báez?

   ....

3. ¿Qué debe hacer la señora Báez después de llenar la primera página?

   ....

4. ¿Cuándo puede recibir estampillas la señora Báez?

   ....

5. ¿Por qué no está trabajando ahora el esposo de la señora Báez?

   ....

6. ¿Cuántas personas viven en casa de la señora Báez, contándola a ella?

   ....

   ....

7. ¿Cuánto dinero tiene la familia Báez en efectivo y en ahorros?

   ....

8. ¿Qué pasa si la familia Báez tiene más dinero y no lo dice?

   ....

9. ¿Está segura la señora Báez de que solamente tienen ochenta dólares?

   ....

10. ¿A quién va a preguntarle la señora Báez?

   ....

   ....

B. And now, answer these personal questions.

1. ¿Cuánto dinero en efectivo tiene Ud. aquí?

   ....

2. ¿Cuántas personas de su familia reciben sueldo?

   ....

3. ¿Tiene Ud. problemas de salud?

   ....

4. Sin contarlo(a) a Ud., ¿cuántas personas viven en su casa?

   ....

5. ¿Puedo pedirle un favor?

   ....

6. ¿Está Ud. trabajando ahora?

   ....

DIALOGUE COMPLETION

Use your imagination and the vocabulary learned in this lesson to complete the missing parts of this dialogue.

La señora Orta habla con el señor Paz, empleado del Departamento de Bienestar Social.

SRA. ORTA —Por favor, señor, ¿puede Ud. ayudarme a llenar esta planilla?

SR. PAZ — ....

SRA. ORTA —¿Qué página debo llenar primero?

SR. PAZ — ....

SRA. ORTA —¿Nada más que la primera página? ¿Por qué?

SR. PAZ — ....

SRA. ORTA —Yo necesito ayuda ahorita.

SR. PAZ — ....

SRA. ORTA —Entonces, ¿cuándo puedo recibir las estampillas? No tenemos ningún alimento.

SR. PAZ — ....

SRA. ORTA —No, nadie recibe sueldo en mi familia. Nadie está trabajando.

SR. PAZ — ....

SRA. ORTA —Mi esposo no trabaja porque está enfermo. Tiene problemas de salud.

SR. PAZ — ....

SRA. ORTA —No, señor, no tenemos ni ahorros ni dinero en efectivo.

SR. PAZ — ....

SRA. ORTA —Muy bien, voy a llevarlas y se las mando por correo.

SITUATIONAL EXERCISES

What would you say in the following situations?

1. You are helping Miss Gutierrez to fill out an application for food stamps. Tell her she must complete the first page as soon as possible and give it to you. Also tell her that, if she cannot fill it out completely, you're going to help her.

2. You are applying for food stamps. Tell the eligibility worker that you are not working right now because you have health problems. Tell him or her that you have only $90 in cash and savings. Ask him or her if you can fill out the forms at home and send them to him or her by mail.

3. You are an eligibility worker asking Mr. Delano whether anybody in his family receives any salary; how many people, including himself, live and eat at his house; how much money they have in cash and savings. Advise him that if they have more money and he does not tell you they are not going to receive the stamps.

YOU'RE ON YOUR OWN!

Act out the following situation with a partner.

An eligibility worker is helping a client to fill out an application for food stamps. Salaries, the number of people in the household, health problems, and the amount of money available in cash and savings should be discussed.

VOCABULARY EXPANSION

alojamiento y comidas   room and board
la **contestación afirmativa**   affirmative answer
el **cuadro, cuadrado**   box, square
la **persona encargada del caso**   the case manager
las **entradas brutas**   gross earnings

hacer una declaración falsa   to make a false statement
el **impuesto sobre la propiedad**   property tax
lo **siguiente**   the following
marcar   to mark, to check
el **préstamo**   loan

Complete the following sentences, using the new words and expressions presented in the Vocabulary Expansion.

1. ¿Cuánto paga usted por .... y .... en ese hotel?

2. Novecientos cincuenta dólares son mis .... , pero yo solamente recibo

   ochocientos dólares.

3. Si la contestación no es .... , debe marcar el primer ....

4. ¿Cuánto paga usted de impuesto .... ?

5. No tengo dinero. Voy a pedir un ....

6. Si la contestación es afirmativa, debe llenar lo ....

7. Si usted hace alguna .... , no puede recibir las estampillas para alimentos.

8. Ud. debe hablar con la .... del caso.

El programa de empleo y entrenamiento (I)

La señora Marta Rojas tiene una entrevista con el señor Torres, del programa de empleo y entrenamiento. Después de tomarle los datos, el señor Torres le explica a la señora Rojas en qué consiste el programa.

SRA. ROJAS —Mi problema es éste: Yo estoy separada de mi esposo y quiero divorciarme, pero no tengo trabajo.

SR. TORRES —¿Tienen ustedes hijos?

SRA. ROJAS —Tenemos una hija, y él tiene dos de un matrimonio anterior.

SR. TORRES —¿Viven con Ud.?

SRA. ROJAS —La mía vive conmigo, pero los de él no.

SR. TORRES —¿Hablaron Uds. con algún consejero familiar? ¿No es posible una reconciliación?

SRA. ROJAS —No, él quiere casarse con otra mujer. Yo también quiero el divorcio, pero no tengo dinero para el abogado.

SR. TORRES —Bueno, vaya al juzgado y pia las planillas para iniciar los trámites de divorcio.

SRA. ROJAS —¿Puedo hacerlo yo misma, sin necesidad de abogado?

SR. TORRES —Sí. ¿Tiene Ud. algún otro problema legal? ¿Algún pleito? ¿Alguna demanda?

SRA. ROJAS —No, señor.

SR. TORRES —¿Tiene Ud. o algún miembro de su familia problemas de salud?

SRA. ROJAS —No, gracias a Dios.

SR. TORRES —Muy bien. Dígame, ¿tiene Ud. algún oficio o profesión?

SRA. ROJAS —No, por desgracia me casé muy joven y no terminé la escuela secundaria.

SR. TORRES —Mire, señora Rojas: Éste es un programa federal para personas como Ud. Nosotros podemos ayudarla a mantenerse mientras aprende un oficio...

SRA. ROJAS —Yo quiero ser auxiliar de enfermera y trabajar en un hospital. ¿Es posible eso?

SR. TORRES —Sí, y como Ud. participa en el programa de AFDC,[1] es elegible para este tipo de ayuda. Llene estas planillas y tráigamelas cuanto antes. No las mande por correo.

✳ ✳ ✳

The Employment and Training Program (I)

Mrs. Marta Rojas has an interview with Mr. Torres, of the employment and training program. After taking down the information (from her), Mr. Torres explains to Mrs. Rojas what the program consists of.

MRS. ROJAS: My problem is this: I am separated from my husband and I want to divorce him, but I don't have (a) job.

MR. TORRES: Do you have children?

MRS. ROJAS: We have a daughter, and he has two from a previous marriage.

---

[1] Aid to Families with Dependent Children

73

MR. TORRES: Do they live with you?
MRS. ROJAS: Mine lives with me, but his don't.
MR. TORRES: Did you speak with any family counselor? Isn't a reconciliation possible?
MRS. ROJAS: No, he wants to marry another woman. I want the divorce also, but I don't have money for the lawyer.
MR. TORRES: Okay, go to the courthouse and ask for the forms to start divorce proceedings.
MRS. ROJAS: Can I do it myself, without need for a lawyer?
MR. TORRES: Yes. Do you have any other legal problem? /Any lawsuit? Any claim?
MRS. ROJAS: No, sir.
MR. TORRES: Do you or any member of your family have (any) health problems?
MRS. ROJAS: No, thank goodness.
MR. TORRES: Very well. Tell me, do you have any trade or profession?
MRS. ROJAS: No, unfortunately I got married very young and didn't finish high school.
MR. TORRES: Look, Mrs. Rojas: This is a federal program for people like you. We can help you to support yourself while you learn a trade. . . .
MRS. ROJAS: I want to be a nurse's aide and work in a hospital. Is that possible?
MR. TORRES: Yes, and since you participate in the AFDC program, you are eligible for this type of aid. Fill out these forms and bring them to me as soon as possible. Don't send them through the mail.

VOCABULARY

COGNATES

el **divorcio**	divorce	**posible**	possible
federal	federal	la **reconciliación**	reconciliation
legal	legal	el **tipo**	type

NOUNS

el, la **abogado(-a)** lawyer
el, la **auxiliar de enfermera** nurse's aide
el **consejero familiar** family counselor
los **datos** information, data
la **demanda** claim
la **escuela secundaria** secondary school (*high school*)
el **juzgado** courthouse
el **matrimonio** marriage
el **miembro** member
la **necesidad** need
el **oficio** trade
el **pleito** lawsuit
el **trabajo** work, job

VERBS

casarse (con) to marry, to get married
consistir (en) to consist (of)
divorciarse (de) to divorce
explicar to explain
iniciar to start, to initiate

mirar to look at
participar to take part, to participate
terminar to finish
tomar to take

ADJECTIVES

anterior previous
joven young

OTHER WORDS AND EXPRESSIONS

como like, since
cuanto antes as soon as possible
después (de) after
gracias a Dios thank goodness
mientras while
por desgracia unfortunately
trámites de divorcio divorce proceedings
yo mismo (-a) myself

DIALOGUE RECALL PRACTICE

Study the dialogue you have just read; then complete the sentences below. If you cannot recall some words, reread the dialogue, focusing on the words you missed and learning them within the context of the sentences in which they appear.

La señora Marta Rojas tiene una entrevista con el señor Torres del programa de empleo y entrenamiento.

SRA. ROJAS —Mi problema .... : Yo estoy

.... de mi .... y quiero

.... , pero no tengo ....

SR. TORRES —¿........................... Uds. .... ?

SRA. ROJAS —........................... una hija, y él .... dos de un

....

SR. TORRES —¿........................... con Ud?

SRA. ROJAS —........................... .... vive .... ,

pero .... no.

SR. TORRES —¿Hablaron Uds. con algún .... ? ¿No es

posible una .... ?

SRA. ROJAS —No, él quiere ....

mujer. Yo también quiero el .... , pero no tengo dinero

.... el ....

SR. TORRES —Bueno, ... al .... y ....

las planillas para .... los .... de

....

SRA. ROJAS —¿Puedo hacerlo .... , sin

.... de .... ?

SR. TORRES —Sí. ¿Tiene Ud. algún otro .... ? ¿Algún

.... ? ¿Alguna .... ?

SRA. ROJAS —No, señor.

SR. TORRES —¿Tiene Ud. o .... de su

.... problemas de .... ?

SRA. ROJAS —No, ... a ....

SR. TORRES —Muy bien. Dígame, ¿............................... Ud. algún .... o

.... ?

SRA. ROJAS —No, por .... muy

joven y no .... la escuela ....

SR. TORRES —Mire, señora Rojas: Éste es un .... para

.... Ud. Nosotros podemos ayudarla a

.... aprende un ....

SRA. ROJAS —Yo quiero ser ....

y trabajar en .... ¿Es

.... eso?

SR. TORRES —Sí, y .... Ud. .... en el programa de AFDC,

es .... para este .... de ayuda.

.... estas planillas y ....

.... No ....

.... por correo.

LET'S PRACTICE!

A. Complete each of these sentences with the Spanish equivalent of the possessive pronoun in parentheses.

1. Ésas son mis planillas; .... son aquéllas, señor Pérez. (yours)

2. La escuela secundaria de ellos es buena; .... es mala. (ours)

3. Nuestro abogado es mejor que .... (his)

4. Mi esposo es joven; .... no. (yours, *fam. form.*)

5. Su hija es auxiliar de enfermera; .... es recepcionista. (mine)

B. Rewrite the following sentences using the new subjects. Make the necessary changes.

1. Ellos van a casarse en el juzgado.

   Nosotros ....

76

2. Él quiere divorciarse de ella.

Tú ....

3. Nosotros nos preocupamos por las niñas.

Ud. ....

4. ¿Tú te acuerdas de tu número de seguro social?

Ella ....

5. Él no se puede mantener sin ayuda.

Yo ....

C. **Change the following statements into commands.**

1. Ud. tiene que ayudarla.

....

2. Uds. no deben dejarlos.

....

3. Uds. tienen que ir al juzgado.

....

4. Ud. no debe pedir ayuda federal.

....

5. Uds. no deben divorciarse.

....

6. Ud. debe participar en ese programa.

....

7. Uds. no deben iniciar los trámites de divorcio.

....

8. Uds. no deben mirarlo.

....

9. Ud. no debe dárselo.

....

10. Uds. tienen que tomarle los datos.

....

QUESTION-ANSWER EXERCISES

A.   Answer the following questions in complete sentences.

1. ¿Con quién tiene una entrevista la señora Rojas?

   ....

2. ¿Qué hace el señor Torres después de tomarle los datos a la señora Rojas?

   ....

3. ¿Vive la señora Rojas con su esposo?

   ....

4. ¿Tiene ella hijos de un matrimonio anterior?

   ....

5. ¿Por qué no es posible una reconciliación de los esposos Rojas?

   ....

6. ¿Por qué no puede divorciarse la señora Rojas?

   ....

7. ¿A dónde debe ir la señora Rojas?

   ....

8. ¿Qué debe pedir la señora Rojas para iniciar los trámites de divorcio?

   ....

9. ¿Necesita un abogado la señora Rojas para divorciarse o puede hacerlo ella misma?

   ....

10. ¿Qué profesión tiene la señora Rojas?

    ....

11. ¿Qué quiere ser la señora Rojas?

    ....

12. ¿Qué programa puede ayudar a la señora Rojas?   ¿Cómo puede ayudarla?

    ....

13. ¿Por qué es elegible para ese tipo de ayuda la señora Rojas?

    ....

14. ¿Qué debe llenar la señora Rojas?

    ....

15. ¿Cuándo debe traer las planillas?

....

B.   And now, answer these personal questions.

1. ¿Está Ud. separado(a) de su esposa(o)?

....

2. ¿Cuándo habla usted con un consejero familiar?

....

3. Quiero divorciarme.   ¿Puedo hacerlo yo mismo(a)?

....

4. ¿Tiene Ud. algún pleito o alguna demanda?

....

5. ¿Qué profesión (oficio) tiene Ud.?

....

6. ¿Terminó Ud. la escuela secundaria?   ¿En qué año?

....

7. ¿Algún miembro de su familia tiene problemas de salud?   ¿Quién?

....

8. ¿Recibe Ud. algún tipo de ayuda federal?

....

DIALOGUE COMPLETION

Use your imagination and the vocabulary learned in this lesson to complete the missing parts of this dialogue.

La señora Armas pide información sobre el programa de empleo y entrenamiento. El Señor Rivas habla con ella y le explica en qué consiste el programa.

SR. RIVAS   —¿Es Ud. casada o soltera?

SRA. ARMAS   —...

SR. RIVAS   —¿No es posible una reconciliación?

SRA. ARMAS   —...

SR. RIVAS   —Bueno, entonces, ¿usted desea iniciar los trámites de divorcio?

SRA. ARMAS   —...

SR. RIVAS	—Ud. no tiene necesidad de pagarle a un abogado; puede iniciar los trámites del divorcio Ud. misma.
SRA. ARMAS	—..
SR. RIVAS	—Debe ir al juzgado y pedir las planillas para iniciar los trámites. ¿Tiene algún otro problema?
SRA. ARMAS	—..
SR. RIVAS	—¿Qué oficio tiene Ud., señora?
SRA. ARMAS	—..
SR. RIVAS	—Señora, este programa puede ayudarla a mantenerse mientras Ud. aprende un oficio. ¿Qué desea ser Ud.?
SRA. ARMAS	—..
SR. RIVAS	—Muy bien. Ud. es elegible para este programa. Debe llenar estas planillas y traérmelas cuanto antes.
SRA. ARMAS	—..
SR. RIVAS	—De nada, señora.

SITUATIONAL EXERCISES

What would you say in the following situations?

1. You are a worker with an employment and training program. You are talking to a woman who wants to divorce her husband but does not have money to pay a lawyer. Ask her if a reconciliation is possible. Tell her to go to the courthouse and ask them for the forms to start divorce proceedings. Tell her she can do it without (any) need for a lawyer.

2. You are having an interview with an employment and training program worker. Explain to him or her that you want to get a divorce but that you don't have any money for a lawyer and you don't have a job. Explain that you did not finish high school but that you want to get a job in a hospital.

3. You are a social worker talking to Mrs. Valenzuela. Ask her if she has any legal problems (a lawsuit, any claims). Tell her that the employment and training program can help her in supporting herself while she learns a trade. Tell her also that, since she is participating in the AFDC program, she is eligible for that type of aid.

YOU'RE ON YOUR OWN!

Act out the following situation with a partner.

A social worker with an employment and training program is talking to a woman who wants to divorce her husband and needs advice on how to start divorce proceedings. Other problems related to health, employment, education, and eligibility should be discussed.

VOCABULARY EXPANSION

cooperar to cooperate
el **cuestionario** questionnaire
elegir[1] **(e:i), escoger**[2] to choose
especificar to specify
la **firma** signature
informar to inform, to notify

la **pensión alimenticia** alimony
la **rehabilitación vocacional** vocational rehabilitation
responsable responsible
el, la **solicitante** applicant

[1]yo elijo [2]yo escojo

Complete the following sentences using the new words and expressions presented in the Vocabulary Expansion.

1. ¿Recibe usted .... de su ex-esposo, señora?

2. Después de llenar la planilla debe poner su ....

3. Ud. siempre debe .... con su trabajador social.

4. Primero debe llenar este ....

5. Si hay algún cambio, usted nos debe .... en seguida.

6. El .... debe firmar aquí.

7. El programa de empleo y entrenamiento ayuda a la ....

   de muchas personas.

8. Ud. puede .... qué desea estudiar.

9. Ud. debe .... cuáles son los problemas que usted y su esposo tienen.

10. ¿Quién es .... por los niños?

Lesson 10

El programa de empleo y entrenamiento (II)

La señora Rojas llenó las planillas que le dio el señor Torres y volvió al Departamento tres días después.

SR. TORRES	—¿Qué arreglos puede hacer Ud. para el cuidado de sus hijos?
SRA. ROJAS	—Bueno, yo fui a hablar con mi tía y ella puede cuidarlos en su casa por muy poco dinero.
SR. TORRES	—Ella debe ir a la casa de Ud.; si no, el Departamento no paga.
SRA. ROJAS	—Y si los niños pequeños van a una guardería, ¿recibo dinero para pagar eso?
SR. TORRES	—En ese caso nosotros le pagamos a la guardería, no a usted.
SRA. ROJAS	—Yo prefiero dejarlos con mi tía. Ya hablé con ella y sé que necesita el dinero.
SR. TORRES	—Está bien. Ahora, ¿a qué escuela primaria asisten los niños mayores?
SRA. ROJAS	—Dos van a la escuela primaria Roosevelt y la mayor está en la escuela secundaria. A ella le dieron una beca para asistir a una escuela parroquial.
SR. TORRES	—¿Tienen los niños algún problema en la escuela?
SRA. ROJAS	—No, ellos están en el programa bilingüe y están aprendiendo inglés.
SR. TORRES	—Ud. también necesita tomar clases de inglés, señora Rojas.
SRA. ROJAS	—El año pasado yo tomé clases de inglés para adultos, pero aprendí muy poco. Falté mucho a clase por enfermedad.
SR. TORRES	—No puede ser auxiliar de enfermera si no habla inglés…
SRA. ROJAS	—Entonces voy a matricularme para el próximo semestre. ¡Ah! Ayer cuando llovió se mojaron los muebles porque el techo gotea.
SR. TORRES	—Pida un estimado gratis para ver cuánto cuesta la reparación del techo. Vamos a ver qué podemos hacer.
SRA. ROJAS	—Yo creo que puedo conseguir un estimado para mañana. Muchas gracias por todo.
SR. TORRES	—De nada. Llámeme por téléfono.

The Employment and Training Program (II)

Mrs. Rojas filled out the forms that Mr. Torres gave her and returned to the Department three days later.

MR. TORRES:	What arrangements can you make for the care of your children?
MRS. ROJAS:	Well, I went to speak with my aunt, and she can take care of them at her house for very little money.
MR. TORRES:	She must go to your house. If not, the Department does not pay.
MRS. ROJAS:	And if the younger children go to a nursery, do I receive money to pay (for) that?
MR. TORRES:	In that case we pay the nursery, not you.
MRS. ROJAS:	I prefer to leave them with my aunt. I already spoke with her, and I know she needs the money . . .

MR. TORRES:	All right. Now, which elementary school do the older children attend?
MRS. ROJAS:	Two go to Roosevelt Elementary School and the oldest one is in high school. They gave her a scholarship to attend a parochial school.
MR. TORRES:	Do the children have any problems in school?
MRS. ROJAS:	No, they are in the bilingual program and are learning English.
MR. TORRES:	You also need to take English classes, Mrs. Rojas.
MRS. ROJAS:	Last year I took English classes for adults, but I learned very little. I missed (classes) a lot because of illness.
MR. TORRES:	You can't be a nurse's aid if you don't speak English . . .
MRS. ROJAS:	Then I'm going to register for next semester. Oh! yesterday, when it rained, the furniture got wet because the roof leaks.
MR. TORRES:	Ask for a free estimate to see how much the roof repair costs. We'll see what we can do.
MRS. ROJAS:	I think I can get an estimate for tomorrow. Thank you very much for everything.
MR. TORRES:	You're welcome. Telephone me.

VOCABULARY

COGNATES

bilingüe	bilingual	**parroquial**	parochial
el **estimado**	estimate	el **semestre**	semester

NOUNS

el **arreglo**   arrangement
la **beca**   scholarship
la **enfermedad**   sickness
la **escuela primaria**   elementary school
la **guardería**   nursery school
la **reparación**   repair
el **techo**   roof

VERBS

asistir   to attend
gotear   to leak

matricularse   to register (for school)
mojar(se)   to wet, to get wet

ADJECTIVES

gratis   free
pequeño(-a)   small, young (child)

OTHER WORDS AND EXPRESSIONS

después   later
faltar a clase   to miss class
por todo   for everything

DIALOGUE RECALL PRACTICE

Study the dialogue you have just read; then complete the sentences below. If you cannot recall some words, reread the dialogue, focusing on the words you missed and learning them within the context of the sentences in which they appear.

La señora Rojas llenó las planillas y volvió al Departamento tres días después.

SR. TORRES   —¿Qué .... puede .... Ud. para el

.... de sus .... ?

SRA. ROJAS   —Bueno, yo .... a .... con mi

.... y ella puede .... en su casa

.... muy .... dinero.

SR. TORRES —Ella .... ir a la casa ....

............................; si no, el Departamento ....

....

SRA. ROJAS —Y si los .... van a una

.... , ¿recibo dinero ....

.... eso?

SR. TORRES —En ese caso nosotros le .... a la .... , no a

....

SRA. ROJAS —Yo prefiero .... con mi tía. Ya .... con ella

y .... que .... el dinero.

SR. TORRES —Está bien. Ahora, ¿a qué ....

.... los niños .... ?

SRA. ROJAS —Dos .... a la ....

Roosevelt y la .... está en la ....

.... A ella le .... una

.... asistir a una ....

....

SR. TORRES —¿Tienen los niños .... en la

.... ?

SRA. ROJAS —No, ellos están en el .... y están

.... inglés.

SR. TORRES —Ud. .... necesita .... clases de

.... , señora Rojas.

SRA. ROJAS —El .... yo .... clases

de inglés para adultos, pero .... muy ....

.... mucho a clase ....

....

SR. TORRES —No puede ser .... de .... si no habla inglés...

SRA. ROJAS —Entonces ....

para el próximo .... ¡Ah! Ayer cuando

.... se .... los .... porque

el ....

SR. TORRES —Pida un .... para ver cuánto cuesta la

.... del .... Vamos a ver qué

....

SRA. ROJAS —Yo .... que .... conseguir un

.... mañana. Muchas gracias

....

SR. TORRES —De nada. .... teléfono.

LET'S PRACTICE!

A. **Rewrite the following sentences changing the italicized verbs into the preterit tense.**

1. Este semestre *estudio* español.

   El semestre pasado ....

2. Mis tías *van* a mi casa para cuidar a los niños.

   Ayer ....

3. Este año mis hijos más pequeños *asisten* a la escuela primaria.

   El año pasado ....

4. Él me *da* el dinero para el cuidado de mis hijos.

   La semana pasada ....

5. Los muebles *se mojan*.

   Anoche ....

6. Ella *es* auxiliar de enfermera.

   .... por dos años.

7. La reparación del techo *cuesta* mucho dinero.

   El año pasado ....

8. El techo *gotea* mucho.

.... anoche.

9. Nosotros le *damos* un estimado gratis.

El mes pasado ....

10. *¿Llenas* las planillas con letra de molde?

¿ .... ayer?

B. **You are needed as an interpreter. Translate the following sentences into Spanish. Use *por* or *para*.**

1. We went by the nursery yesterday.

....

2. My younger children left for Mexico yesterday.

....

3. They missed classes a lot because of illness.

....

4. He called me on the phone.

....

5. We can get the estimate for tomorrow.

....

6. I have to pay $100 for the repair.

....

7. The scholarship is for my oldest daughter.

....

8. I need the money in order to pay him.

....

QUESTION-ANSWER EXERCISES

A. **Answer the following questions in complete sentences.**

1. ¿Cuándo volvió al Departamento la Sra. Rojas?

....

2. ¿Quién puede cuidar a los niños de la Sra. Rojas?

....

3. ¿Dónde puede cuidarlos?

....

4. Si los niños van a una guardería, ¿a quién le paga el Departamento de Bienestar Social?

....

5. ¿Qué necesita la tía de la Sra. Rojas?

....

6. ¿A qué escuela asisten los niños mayores?

....

7. ¿Quién va a asistir a una escuela parroquial?

....

8. ¿Qué están aprendiendo los hijos de la Sra. Rojas?

....

9. ¿En qué tipo de programa están los niños?

....

10. ¿Qué debe tomar la Sra. Rojas?

....

11. ¿Por qué faltó mucho a clase la señora Rojas?

....

12. ¿Para qué necesita aprender inglés la Sra. Rojas?

....

13. ¿Cuándo va a matricularse la Sra. Rojas?

....

14. ¿Por qué se mojaron ayer los muebles?

....

15. ¿Qué debe pedir la Sra. Rojas?

....

B.   And now, answer these personal questions.

1. ¿Tiene Ud. una beca para estudiar aquí?

    ....

2. ¿A qué escuela primaria asistió Ud?   ¿En qué estado?

    ....

3. ¿Tiene Ud. problemas con el español?   ¿Puedo ayudarlo?

    ....

4. ¿Tomó Ud. clases de español el año pasado?

    ....

5. ¿Llovió ayer?

    ....

6. ¿Gotea el techo de su casa?

    ....

7. Cuando Ud. debe hacer una reparación en su casa, ¿pide un estimado gratis?

    ....

8. ¿Faltó Ud. a clase por enfermedad?

    ....

DIALOGUE COMPLETION

Use your imagination and the vocabulary learned in this lesson to complete the missing parts of this dialogue.

La señora Armas volvió a ver al señor Rivas dos días después.

SRA. ARMAS   —Ya llené las planillas, pero necesito saber si Uds. pagan por el cuidado de mis hijos.

SR. RIVAS   —..

SRA. ARMAS   —Mi mamá puede cuidarlos, pero ella no puede ir a mi casa.

SR. RIVAS   —..

SRA. ARMAS   —¿Puedo mandarlos a una guardería?

SR. RIVAS   —..

SRA. ARMAS   —¿Le pagan Uds. a la guardería o recibo yo el dinero?

SR. RIVAS   —...

SRA. ARMAS   —Van a ir a la guardería los dos niños más pequeños. Los mayores van a la escuela
                 primaria.

SR. RIVAS   —...

SRA. ARMAS   —Sí, tienen muchos problemas en la escuela porque no entienden el inglés.

SR. RIVAS   —...

SRA. ARMAS   —No, la escuela no tiene programa bilingüe.

SR. RIVAS   —...

SRA. ARMAS   —Sí, yo voy a matricularme en una clase de inglés para adultos.

SR. RIVAS   —...

SRA. ARMAS   —Sí, tengo más problemas. El techo de mi casa necesita una reparación y yo no
                 tengo dinero.

SR. RIVAS   —...

SRA. ARMAS   —¿El estimado es gratis?

SR. RIVAS   —...

SRA. ARMAS   —¿Pagan Uds. por el arreglo?

SR. RIVAS   —...

SRA. ARMAS   —Muy bien, señor Rivas. Muchas gracias por todo.

SITUATIONAL EXERCISES

What would you say in the following situations?

1. You are a social worker with an employment and training program, and you are talking to
   Mrs. Gutierrez. Ask her what arrangements she can make for the care of her children.
   Tell her that if the younger children go to a nursery, the Department pays the nursery, not
   her. Finally, ask her what grade school the older children attend.
2. You are talking to a social worker with an employment and training program. Tell him or
   her that you have just spoken with your sister and that she can take care of your children
   at your house. Also tell him or her that your children are having problems at school, because they are not learning English.
3. You are talking with Mr. Carreras. Tell him he has to register next semester to take English
   classes. Tell him he cannot get a good job if he doesn't speak English.
4. Mrs. Valdivieso, one of your clients, tells you that her roof needs to be fixed. Tell her to ask
   for a free estimate to see how much the roof repair is going to cost. Ask her if the roof is leak-
   ing.

YOU'RE ON YOUR OWN!

Act out the following situation with a partner.

A social worker with an employment and training program is talking to a client about his or her children. They should discuss arrangements for the care of the children, the children's schoolwork, and any other problems related to the children.

VOCABULARY EXPANSION

ausente absent
con tinta with ink
el **diploma** diploma
el, la **director(-a)** principal
el **entrenamiento** training
escribir a máquina to type
los **gastos de transportación** transportation
  expenses
el **hogar de crianza, hogar sustituto** foster
  home

ir y venir to commute
el, la **maestro(-a)** teacher
los **padres de crianza** foster parents
el **país de origen** national origin, country of
  origin
el **parentesco** relationship
la **pena, penalidad** penalty
el **trimestre** quarter (three months)

Complete the following sentences using the new words and expressions presented in the Vocabulary Expansion.

1. La señorita Peralta es la .... de mi hijo.

2. ¿Quién es la .... de la escuela Lincoln?

3. Su .... es Ecuador.

4. No puede escribirlo con lápiz. Tiene que escribirlo con ....

5. Puede escribirlo a .... o con letra de molde.

6. Mi esposo trabaja en Nueva York y nosotros vivimos en Nueva Jersey. Él

    .... y .... todos los días.

7. Hay una .... por hacer declaraciones falsas.

8. ¿Qué .... tiene él con usted? ¿Es su sobrino?

9. Mi hija terminó la escuela secundaria y recibió su ....

10. Su padre no está aquí. Está ....

11. Ella vive en un .... con sus padres de crianza.

12. Si está recibiendo .... , le pagamos los gastos de ....

13. Voy a tomar español el .... próximo.

LESSONS 6–10   # VOCABULARY REVIEW

A.   Circle the word or phrase that does not belong in each group.

  1. marido, esposa, gobierno

  2. escuela primaria, consejero familiar, escuela secundaria

  3. banco, entrada, sueldo

  4. página, hoja, pregunta

  5. personas, ropa, gente

  6. pleito, oficio, demanda

  7. necesidad, profesión, oficio

  8. casarse, matricularse, divorciarse

  9. director, supervisor, anterior

10. casado, matrimonio, disponible

11. cooperar, elegir, escoger

12. con tinta, responsable, a máquina

13. alojamiento y comida, pensión alimenticia, contestación afirmativa

14. ausente, amarillo, azul

15. hogar sustituto, entradas brutas, padres de crianza

16. penalidad, hacer una declaración falsa, trimestre

17. página adicional, entrenamiento, rehabilitación

18. verde, rosado, viejo

19. ahora, después, lo siguiente

20. extranjeros, tarjeta verde, tarjeta de seguro social

B.   Circle the word or phrase that best completes each sentence.   Then read the sentence aloud.

  1. Los niños más pequeños asisten a la (escuela superior, universidad, guardería).

  2. Yo mismo voy a (matricularme, mojarme, marcarme) el próximo semestre en una clase para adultos.

  3. Ahorita no tengo trabajo, así que necesito un (parentesco, refrigerador, empleo).

  4. Vamos a ver qué (reparaciones, cuestionarios, arreglos) puede Ud. hacer para el cuidado de sus hijos.

  5. El techo de la (carta, casa, firma) gotea mucho.

  6. Bueno, el dinero que recibimos ahora no (cambia, gana, alcanza) para nada.

  7. Ud. debe (entrevistar, notificar, ir y venir) los cambios en seguida, señora.

  8. Quiero iniciar los (trámites, cuadrados, derechos) de divorcio en el juzgado.

  9. Cómo no, si Ud. no (está de acuerdo, es la misma, es distinta) puede escribir una carta.

10. ¿Algún (cuadro, miembro, gasto) de su familia tiene problemas de salud?

11. En ese caso el programa federal puede ayudarla a (entrevistarse, levantarse, mantenerse) mientras estudia.

12. Más tarde el señor Pérez (re-evalúa, cuida, gotea) el caso de la familia Suárez.

13. (Por desgracia, Todavía, Después de) me casé muy joven y no terminé la escuela secundaria.

14. No es justo. ¿Puedo pedir una (solicitante, demanda, revisión) de mi caso?

15. Voy a poner mis (gastos, ahorros, muebles) en el banco.

16. Al día siguiente, el señor Díaz pide información (por, sobre, sin) el programa de estampillas para alimentos.

17. Después de leer la planilla, el maestro debe (especificar, avisar, completar) la primera página.

18. Después, el abogado le (lleva, arregla, explica) a la señora en qué consiste el programa.

19. Necesito trabajar para poder hacer los (datos, pagos, gastos de transportación) de la casa.

20. Ahora que trabajo gasto más en (espacios en blanco, sueldo, gasolina).

21. Quiero arreglar el techo. ¿Puede darme un (estimado, empleo, diploma) gratis?

22. ¿Puedo pedirle un (barrio, favor, país de origen)?

23. La persona encargada del caso tiene que trabajar muy (duro, joven, rosado).

24. Mi suegro no (paga, informa, cambia) impuesto sobre la propiedad.

25. No tiene (tíos, primos, padres); vive en un hogar de crianza.

C. Match the questions in column A with the answers in column B.

A	*B*
1. ¿Cuántas horas trabaja Ud.? ____	a. No, a nadie.
2. ¿Dónde vive Ud.? ____	b. No, directamente a Ud.
3. ¿Conoce Ud. a alguien en el barrio? ____	c. Unos 300 dólares al mes.
4. ¿Puedo recibir la ayuda en seguida? ____	d. No, de ahorros.
5. ¿Le pagan Uds. a ella? ____	e. No, pero gano poco.
6. ¿Cuál es la página principal? ____	f. Ocho horas al día.
7. ¿Cuál es su situación actual? ____	g. En casa vivimos cuatro.
8. ¿Cuánto dinero recibe Ud. regularmente? ____	h. No, yo quiero el divorcio.
9. ¿Está Ud. sin trabajo? ____	i. Un refrigerador nuevo.
10. ¿Es posible una reconciliación? ____	j. La misma de antes.
11. ¿Cuántas personas viven con Ud.? ____	k. Bueno, dentro de unos días.
12. ¿Qué necesita Ud.? ____	l. En un proyecto de la ciudad.
13. ¿Tiene algún problema de tipo legal? ____	m. No ninguno.
14. ¿Tiene Ud. cuenta corriente? ____	n. La primera página.
15. ¿Trabaja parte del tiempo? ____	o. No, tiempo completo.

D. Crucigrama.

HORIZONTAL

4. participar: Tú ____
7. nurse's aide: auxiliar de ____
8. *For everything:* ____ todo
11. Opuesto de «preguntar»
12. *forms,* en español
14. opuesto de «mucho»
16. Debe pagar con dinero. Debe pagar en ____
18. Habla inglés y español, Es ____
19. No es viejo: es ____
20. *like, since,* en español
21. opuesto de «mayor»

22. La tomamos cuando estamos enfermos.
26. opuesto de «grande»
27. Quiero divorciarme. Voy a iniciar los ____ de divorcio.
28. *completely:* por ____
29. verbo: gastar; nombre (pl.) ____
32. nombre: informe; verbo: ____
33. No vive aquí ahora; ¿cuál es su domicilio ____ ?
34. Trabaja por cuenta ____ .

VERTICAL

1. No trabaja. Está sin ____ .
2. *Thank goodness:* ____ a Dios.
3. *to look at,* en español
5. Hay seis meses en un ____ .
6. *everything,* en español
9. No cuesta nada. Es ____ .
10. *rule,* en español
13. No está en la escuela primaria; está en la escuela ____ .
14. Debe venir lo más pronto ____ .

15. Necesito ____ clases de inglés.
17. personas
23. mujer
24. No es una cuenta corriente; es una cuenta de ____
25. *many times:* muchas ____
30. *oil,* en español
31. No tengo dinero. Voy a solicitar un ____ .

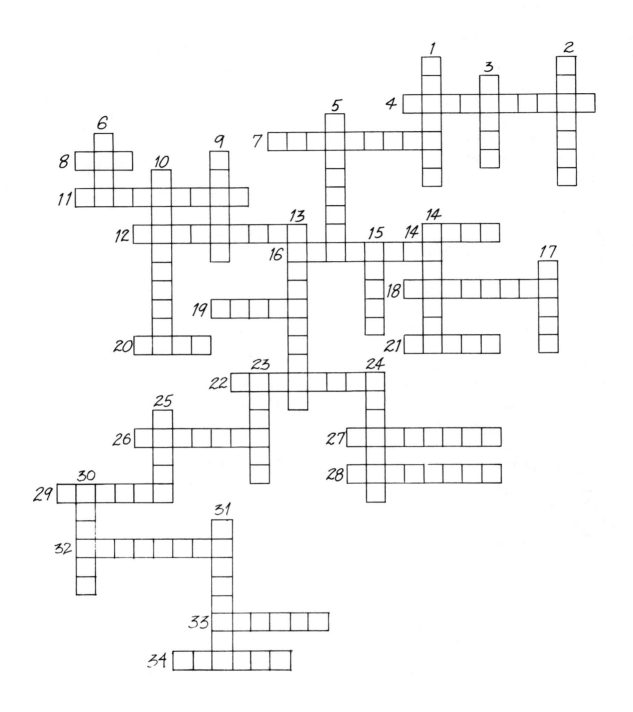

Lesson 11

El programa federal de servicios médicos

El señor Ortiz habla con la señorita Juárez, del programa federal de ayuda médica (MEDICAID).

SRTA. JUÁREZ	—Debe llenar estas planillas en su casa y traérmelas sin firmar.
SR. ORTIZ	—¿No puedo mandárselas por correo?
SRTA. JUÁREZ	—No, debe venir personalmente pues tiene que firmarlas aquí, en mi presencia.
SR. ORTIZ	—Muy bien. ¿Qué más tengo que traer?
SRTA. JUÁREZ	—Si además de su casa tiene alguna otra propiedad, debe traer los papeles.
SR. ORTIZ	—Solamente tenemos la casa en que vivimos...
SRTA. JUÁREZ	—Además del carro que Uds. usan como transporte, ¿tienen otros?
SR. ORTIZ	—No.

Una semana después, el señor viene con su esposa para traer las planillas.

SRTA. JUÁREZ	—¿Recibieron Uds. ayuda económica alguna vez?
SR. ORTIZ	—Sí, cuando vivíamos en Oklahoma tuvimos que pedir ayuda porque yo no tenía trabajo y éramos muy pobres.
SRTA. JUÁREZ	—¿Cuándo dejaron de recibir ayuda?
SR. ORTIZ	—El año pasado, cuando vinimos a Arizona.
SRTA. JUÁREZ	—¿Cuánto tiempo hace que viven en Arizona?
SR. ORTIZ	—Llevamos ocho meses viviendo en este estado.
SRTA. JUÁREZ	—Bien. Uds. son elegibles para recibir ayuda, pero tienen que pagar parte de los gastos médicos.
SR. ORTIZ	—¿Cuánto tenemos que pagar nosotros?
SRTA. JUÁREZ	—Treinta dólares mensuales. Lleve esta planilla y el doctor va a llenar esta sección. Fírmela al pie de la página y mándemela.
SR. ORTIZ	—¿Solamente podemos recibir ayuda este mes?
SRTA. JUÁREZ	—No, yo les voy a mandar otra planilla para el mes que viene. Van a recibir su tarjeta de MEDICAID dentro de cuatro semanas, más o menos.
SR. ORTIZ	—(*A su esposa.*) Llama a los muchachos y diles que ya tenemos ayuda médica.

✳ ✳ ✳

The Federal Program of Medical Services

Mr. Ortiz speaks with Miss Juarez, of the federal medical aid program (MEDICAID).

MISS JUAREZ:	You must fill out these forms at home and bring them to me unsigned.
MR. ORTIZ:	Can't I send them to you by mail?
MISS JUAREZ:	No, you should come in person because you have to sign them here, in my presence.
MR. ORTIZ:	Very well. What else do I have to bring?
MISS JUAREZ:	If, besides your house, you have any other property, you must bring the papers.
MR. ORTIZ:	We have only the house we've living in. . . .
MISS JUAREZ:	Besides the car you use for transportation, do you have (any) others?
MR. ORTIZ:	No.

A week later, the gentleman comes in with his wife to bring (in) the forms.

MISS JUAREZ: Did you ever receive any financial aid?

MR. ORTIZ: Yes, when we were living in Oklahoma, we had to apply (ask) for aid, because I didn't have a job, and we were very poor.

MISS JUAREZ: When did you stop receiving aid?

MR. ORTIZ: Last year, when we came to Arizona.

MISS JUAREZ: How long have you lived in Arizona?

MR. ORTIZ: We've been living in this state for eight months.

MISS JUAREZ: Fine. You are eligible to receive aid, but you have to pay part of your (the) medical expenses.

MR. ORTIZ: How much do we have to pay?

MISS JUAREZ: Thirty dollars a month. Take this form, and the doctor is going to fill out this section. Sign it at the bottom of the page, and send it to me.

MR. ORTIZ: We can only receive aid this month?

MISS JUAREZ: No, I'm going to send you another form for next month. You're going to receive your MEDICAID card in four weeks or so (more or less).

MR. ORTIZ: (*To his wife.*) Call the children and tell them that now we have medical assistance.

VOCABULARY

COGNATES

la **parte** part   la **sección** section

NOUNS

la **ayuda económica** financial aid
la **ayuda médica** medical help
la **propiedad** property
los **servicios médicos** medical services
el **transporte** transportation

VERBS

usar to use

ADJECTIVES

médico(-a) medical
pobre poor

OTHER WORDS AND EXPRESSIONS

además (de) besides
al pie de la página at the bottom of the page
alguna vez ever
dejar de to stop (*doing something*)
el **mes que viene** next month
en mi presencia in front of me
más o menos more or less
pedir ayuda apply for aid
pues because, for, since
que which, that
¿qué más? what else?
sin firmar unsigned

DIALOGUE RECALL PRACTICE

Study the dialogue you have just read; then complete the sentences below. If you cannot recall some words, reread the dialogue, focusing on the words you missed and learning them within the context of the sentences in which they appear.

El señor Ortiz habla con la señorita Juárez, del programa de MEDICAID.

SRTA. JUÁREZ —Debe .... estas planillas ....

.... y traérmelas

....

SR. ORTIZ —¿No puedo mandárselas .... ?

SRTA. JUÁREZ —No, debe venir .... pues tiene que ....

aquí, ...

SR. ORTIZ —Muy bien. ¿........................... .... tengo que traer?

98

SRTA. JUÁREZ —Si .... de su casa tiene alguna ....

.... , debe traer ....

....

SR. ORTIZ —.............................. tenemos la casa ....

....

SRTA. JUÁREZ —.............................. del carro que Uds. usan ....

.... , ¿tienen otros?

SR. ORTIZ —No.

Una semana después, el señor viene con su esposa para traer las planillas.

SRTA. JUÁREZ —¿Recibieron Uds. .... alguna

.... ?

SR. ORTIZ —Sí, cuando .... en Oklahoma ....

.... pedir .... porque yo no

.... y éramos muy

....

SRTA. JUÁREZ —¿Cuándo .... recibir ayuda?

SR. ORTIZ —El año .... , cuando ....

.... Arizona.

SRTA. JUÁREZ —¿.............................. .... hace que viven en Arizona?

SR. ORTIZ —.......................... ocho meses .... en este estado.

SRTA. JUÁREZ —Bien. Uds. son .... para ....

.... , pero ....

pagar parte de los ....

SR. ORTIZ —¿Cuánto ....

nosotros?

SRTA. JUÁREZ —Treinta .... Lleve esta planilla y el

doctor .... esta

.... Fírmela ....

de la .... y ....

SR. ORTIZ	—¿......................... podemos recibir ayuda este .... ?
SRTA. JUÁREZ	—No, yo ....
	.... otra planilla para el ....
	.... Van a recibir su
	.... de MEDICAID ....
	.... cuatro semanas, ...
	....
SR. ORTIZ	—(*A su esposa.*) .... a los muchachos y ....
	que ya .... ayuda médica.

LET'S PRACTICE!

A. Rewrite the following sentences changing the italicized verbs into the preterit tense.

1. Ella *viene* porque tiene que firmar los documentos.

   ....

2. Nosotros no *podemos* llenar la otra sección.

   ....

3. ¿*Traes* los papeles de la otra propiedad?

   ....

4. Ellos *conducen* mi carro.

   ....

5. Yo no *quiero* pagar los servicios médicos.

   ....

6. Él lo *hace* en persona.

   ....

7. ¿Dónde *ponen* ustedes los comprobantes?

   ....

8. María y Rosa *están* en la oficina del señor Pérez.

   ....

9. ¿Qué *dicen* ellos?

   ....

B.   Rewrite the following sentences changing the italicized verbs into the imperfect tense.

1. Yo no *recibo* ayuda económica.

   ....

2. *Tiene* que pagar parte de los gastos médicos.

   ....

3. Siempre *vamos* al Departamento de Bienestar Social.

   ....

4. ¿No la *ves* desde el sábado?

   ....

5. Siempre *usa* ese carro como transporte.

   ....

6. Ellos *son* muy pobres.

   ....

C.   You are needed as an interpreter.   Translate the following sentences into Spanish.

1. Whose car is this?   ....

   This is Mary's car.   ....

2. How long have they lived in New York?   ....

   They have been living in New York   ....

   for ten years.   ....

3. How long have you been receiving   ....

   financial aid?   ....

   I have been receiving it for six months.   ....

4. How long has she been working here?   ....

   She has been working here for two weeks.   ....

5. Whose papers are those?   ....

   Those are mine.   ....

QUESTION-ANSWER EXERCISES

A.   Answer the following questions in complete sentences.

1.   ¿Qué debe llenar el señor Ortiz?

  ....

2.   ¿Cómo debe traer las planillas?

  ....

3.   ¿Por qué no puede mandarlas por correo?

  ....

4.   ¿Qué más debe traer el señor Ortiz?

  ....

5.   ¿Cuántos carros tiene el señor Ortiz?

  ....

6.   ¿Recibieron ayuda alguna vez los señores Ortiz?   ¿Dónde?

  ....

7.   ¿Cuándo dejaron de recibir ayuda los señores Ortiz?

  ....

8.   ¿Cuánto tiempo lleva viviendo en Arizona el señor Ortiz?

  ....

9.   ¿Es elegible para recibir ayuda la familia Ortiz?

  ....

10.   ¿De qué tiene que pagar parte el señor Ortiz?

  ....

11.   ¿Dónde debe firmar el señor Ortiz?

  ....

12.   ¿Cuándo, más o menos, va a recibir el señor Ortiz la tarjeta de MEDICAID?

  ....

B.   And now, answer these personal questions.

1.   ¿Qué propiedades tiene Ud.?

  ....

2. Además del carro que Ud. usa como transporte, ¿tiene Ud. otro?

....

3. ¿Cuánto tiempo hace que Ud. vive en este estado?

....

4. ¿Cuándo tenemos un examen? ¿Dentro de dos semanas?

....

5. ¿Tiene Ud. una tarjeta de MEDICAID?

....

DIALOGUE COMPLETION

Use your imagination and the vocabulary learned in this lesson to complete the missing parts of this dialogue.

El programa de ayuda médica.   La señorita Paz habla con el señor Miró.

SR. MIRÓ   —Señorita, necesito ayuda económica y también ayuda médica.

SRTA. PAZ   — ....

SR. MIRÓ   —Hace seis meses que vivo en este estado.

SRTA. PAZ   — ....

SR. MIRÓ   —Antes vivía en Colorado.

SRTA. PAZ   — ....

SR. MIRÓ   —Sí, allí también recibía ayuda porque no tenía trabajo.

SRTA. PAZ   — ....

SR. MIRÓ   —Hace un mes que no tengo trabajo.   ¿Qué debo hacer para solicitar ayuda?

SRTA. PAZ   — ....

SR. MIRÓ   —¿Puedo mandarle las planillas por correo?

SRTA. PAZ   — ....

SR. MIRÓ   —¿Qué más debo traer?

SRTA. PAZ   — ....

SR. MIRÓ   —No, señorita, no tenemos ninguna propiedad.

SRTA. PAZ   — ....

SR. MIRÓ   —¿Solamente vamos a recibir ayuda este mes o también el mes que viene?

SRTA. PAZ   — ....

SR. MIRÓ   —Muchas gracias, señorita.

SITUATIONAL EXERCISES

What would you say in the following situations?

1. You are a MEDICAID worker, talking to your client, Mr. Pereira. Tell him to fill out the forms at home and bring them to you unsigned. Explain to him that he has to sign them in front of you. Tell him also that if he has any other property besides his house he must bring the papers. Ask him if he has any other car in addition to the car that he uses for transportation.
2. You are talking to a friend who is very poor. Tell him or her to apply for financial aid if he or she wants to get help.
3. You are talking to your client, Mrs. Garza. Ask her how long she has lived in your city or state and whether she ever received financial aid. Tell her she is eligible to receive aid but that she has to pay part of the medical expenses.
4. Explain to Mr. Echeverría, your client, that he has to sign the form at the bottom of the page and send it to you by mail. Tell him also that you are going to send him another form next month and that he is going to receive his MEDICAID card in about four weeks.

YOU'RE ON YOUR OWN!

Act out the following situation with a partner.

A MEDICAID worker is telling a client what he or she must do to receive aid. All possible information about the client should be obtained.

VOCABULARY EXPANSION

los **bienes raíces, bienes inmuebles** real estate	el **impuesto** tax
la **emergencia** emergency	la **persona de bajos ingresos** low-income
en caso de in case of	person
la **excepción** exception	**sin tener en cuenta** without regard to
excepto except	**viajar** to travel

Complete the following sentences using the new words and expressions presented in the Vocabulary Expansion.

1. Hoy es el quince de abril. ¿Pagaste los .... ?

2. Nosotros vamos a .... a México este verano .... los gastos.

3. .... emergencia, debe llamar a mi esposa.

4. El Departamento de Bienestar Social ayuda a las personas de ....

5. Pagamos todos los gastos con .... del alquiler.

6. Las casas son bienes ....

7. Debe pagar todos los gastos .... la electricidad.

Lesson 12

Maltrato de un niño (I)

La señora Rosa Soto visita la casa de la familia Torres porque un vecino llamó para decir que los Torres estaban maltratando a su hijo Raúl, un niño de cuatro años.

SRA. SOTO	—Buenos días. ¿Es Ud. el señor Pedro Torres?
SR. TORRES	—Sí, soy yo.
SRA. SOTO	—Vine para investigar cierta información que recibimos ayer. Alguien llamó para decir que aquí estaban maltratando a un niño.
SR. TORRES	—¿Que? ¿Quién dijo eso? ¿Y con qué autoridad viene Ud. a investigar nada?
SRA. SOTO	—Yo trabajo para la Sección Protectora de Niños. Aquí tiene mi tarjeta. ¿Puedo ver a su hijo, por favor?
SR. TORRES	—Bueno… voy a llamarlo… Un momento.

El señor Torres trae a Raúl de la mano. El niño es muy delgado y está muy pálido. La señora Soto lo examina y ve que tiene un chichón en la cabeza, cicatrices en las piernas, y moretones en los brazos y en el pecho.

SRA. SOTO	—¿Qué le pasó al niño?
SR. TORRES	—Ayer estaba jugando cerca de la escalera y se cayó… Yo no lo vi porque no estaba en casa, pero mi esposa me contó lo que pasó.
SRA. SOTO	—¿Lo llevaron al médico?
SR. TORRES	—No… Él dijo que estaba bien y no lloró… Además ya eran las ocho de la noche.
SRA. SOTO	—¿Dónde estaba su esposa?
SR. TORRES	—Ella estaba preparando la comida en la cocina.
SRA. SOTO	—El médico debe revisar a este niño, señor Torres. ¿Cuándo puede llevarlo?
SR. TORRES	—Esta tarde o mañana…
SRA. SOTO	—Muy bien. Necesito el nombre de su médico. Voy a hablar con él y voy a regresar dentro de tres días.

Tres días después

SRA. SOTO	—Tuve que llamar a la policía. Ellos van a venir a llevar al niño a la casa de una familia que lo va a cuidar…
SRA. TORRES	—¿Por qué? ¡No,… Uds. no van a llevar a mi hijo a ningún lado!
SRA. SOTO	—Va a haber un examen de testigos y el juez va a decidir si su hijo puede regresar aquí o tiene que quedarse con la otra familia. Es para ayudar al niño, señora Torres… y a Uds. también…

✳ ✳ ✳

Child abuse (I)

Mrs. Rosa Soto visits the home of the Torres family because a neighbor called to say that the Torreses were abusing their son Raul, a four-year-old child.

MRS. SOTO:	Good morning. Are you Mr. Pedro Torres?
MR. TORRES:	Yes, I am.

MRS. SOTO:	I came to investigate certain information that we received yesterday. Somebody called to say that you are abusing a child here.
MR. TORRES:	What? Who said that? And with what authority do you come to investigate anything?
MRS. SOTO:	I work for the Children's Protection Department. Here's my card. May I see your son, please?
MR. TORRES:	Okay . . . I'll call him. . . . One moment.

Mr. Torres brings Raul by the hand. The child is very thin and looks very pale. Mrs. Soto examines him and sees that he has a bump on the head, scars on his legs, and bruises on his arms and chest.

MRS. SOTO:	What happened to the child?
MR. TORRES:	Yesterday he was playing near the stairs and fell down . . . I didn't see him because I wasn't home, but my wife told me what happened.
MRS. SOTO:	Did you take him to the doctor?
MR. TORRES:	No, . . . He said he was okay and he didn't cry. . . . Besides it was already eight P.M. . . . .
MRS. SOTO:	Where was your wife?
MR. TORRES:	She was preparing dinner in the kitchen.
MRS. SOTO:	The doctor must check this child, Mr. Torres. When can you take him?
MR. TORRES:	This afternoon or tomorrow. . . .
MRS. SOTO:	Very well. I need your doctor's name. I'm going to speak with him, and I'll be back in three days.

Three days later

MRS. SOTO:	I had to call the police. They're coming to take the child to a family who's going to take care of him. . . .
MRS. TORRES:	Why? No, . . . You're not going to take my son anywhere!
MRS. SOTO:	There's going to be a witness hearing, and the judge is going to decide whether your son can come back here or (whether) he has to stay with the other family. It's to help the child, Mrs. Torres . . . and you, too . . .

VOCABULARY

COGNATES

la **autoridad**   authority

NOUNS

el **brazo**   arm
la **cabeza**   head
la **cicatriz**   scar
la **cocina**   kitchen
la **comida**   dinner, food, meal
el **chichón**   bump (*on the head*)
el, la **juez**   judge
el **maltrato**   abuse
el **moretón**, el **morado**   bruise
el **pecho**   chest
la **pierna**   leg
la **Sección Protectora de Niños**   Children's Protection Department
el, la **testigo**   witness

VERBS

caerse   to fall down
contar (o:ue)   to tell
examinar   to examine
investigar   to investigate
jugar[1]   to play
llorar   to cry

maltratar   to abuse, to mistreat
pasar   to happen
preparar   to prepare
quedarse   to stay
revisar   to check

ADJECTIVES

cierto(-a)   certain
delgado(-a)   thin
pálido(-a)   pale

OTHER WORDS AND EXPRESSIONS

aquí tiene   here is
cerca (de)   near
de la mano   by the hand
en casa   home, at home
examen de testigos   witness hearing
lo que   what
ningún lado   nowhere
va a haber   there's going to be
ya   already

[1]Present indicative of *jugar*:   *juego, juegas, juega, jugamos, juegan*

106

DIALOGUE RECALL PRACTICE

Study the dialogue you have just read; then complete the sentences below. If you cannot recall some words, reread the dialogue, focusing on the words you missed and learning them within the context of the sentences in which they appear.

La señora Soto habla con los señores Torres acerca de su hijo Raúl.

SRA. SOTO —Buenos días. ¿.................................. ....

.... Pedro Torres?

SR. TORRES —Sí, soy yo.

SRA. SOTO —.............................. .... cierta

información que .... Alguien

.... para decir que aquí ....

.... a un niño.

SR. TORRES —¿Qué? ¿Quién .... eso? ¿Y con qué ....

viene Ud. a .... nada?

SRA. SOTO —Yo trabajo para la .... de Niños.

.... mi tarjeta. ¿Puedo ver

.... , por favor?

SR. TORRES —Bueno... ....

Un momento.

El señor Torres trae a Raúl, un niño muy delgado y pálido, de la mano. La señora Soto lo examina.

SRA. SOTO —¿Qué .... al niño?

SR. TORRES —Ayer .... cerca de la

.... y se cayó... Yo no lo .... porque no

.... en .... , pero mi ....

me .... lo que ....

SRA. SOTO —¿Lo .... médico?

SR. TORRES —No,... Él .... que .... bien y no

.... Además ya .... las ocho

.... noche.

SRA. SOTO —¿Dónde .... su esposa?

SR. TORRES —Ella .... la comida en la

....

SRA. SOTO —El médico .... a este niño, señor

Torres. ¿........................... puede .... ?

SR. TORRES —........................... .... o mañana...

SRA. SOTO —Muy bien. Necesito el ....

.... médico. ....

.... con él y ....

regresar .... tres días.

Tres días después

SRA. SOTO —........................... .... llamar a la ....

Ellos .... a

llevar al niño a la casa de una familia ....

.... a ....

SRA. TORRES —¿Por qué? ¡No,... Uds. no ....

.... mi hijo a ....

.... !

SRA. SOTO —........................... .... un examen

de .... y el .... va a decidir si su hijo

.... aquí o ....

.... con la otra familia. Es para

.... al niño, señora Torres... y ....

....

LET'S PRACTICE!

A. Complete these sentences using the past progressive tense of the verbs in the following list.

revisar   jugar   llorar   investigar   maltratar   preparar

1. Los niños .... cerca de la escalera cuando se cayeron.

2. Tú .... a mi hijo anoche.

3. Nosotros .... cierta información que recibimos ayer.

4. Yo no .... Estoy bien.

5. El médico .... la pierna y el brazo del niño.

6. ¿Ud. .... la comida?

B. Complete the following sentences using the preterit or the imperfect of the verb in parentheses.

1. Ayer ellos no .... (poder) venir porque .... (tener) un accidente.

2. Yo no .... (saber) que iban a tener un examen de testigos. Lo .... (saber) ayer.

3. Anoche nosotros .... (decir) que no .... (querer) hablar con el juez.

4. ¿Te .... (examinar) el médico los morados del pecho ayer?

5. .... (ser) las cuatro cuando el juez .... (llegar).

6. Ayer su esposa le .... (contar) que el niño .... (estar) enfermo.

QUESTION-ANSWER EXERCISES

A. Answer the following questions in complete sentences.

1. ¿Quién dijo que estaban maltratando a Raúl Torres?

   ....

2. ¿Con qué autoridad viene la señora Soto a investigar?

   ....

3. ¿Cómo es Raúl? ¿Cómo está?

   ....

4. ¿Dónde tiene Raúl un chichón?

   ....

5. ¿Dónde tiene cicatrices y moretones?

   ....

6. ¿Qué dice el señor Torres que le pasó al niño?

....

7. ¿Qué estaba haciendo la señora Torres en la cocina?

....

8. ¿Cuándo va a regresar la señora Soto?

....

9. ¿A quién tuvo que llamar la señora Soto?

....

10. ¿A dónde van a llevar a Raúl?

....

B. **And now, answer these personal questions.**

1. ¿Tiene Ud. alguna cicatriz?

....

2. ¿Estuvo Ud. en casa anoche?

....

3. ¿Alguno de sus vecinos maltrata a sus hijos?

....

4. Si alguien está maltratando a un niño, ¿qué hace Ud.?

....

5. ¿Desea Ud. ser testigo en un caso de maltrato?

....

DIALOGUE COMPLETION

Use your imagination and the vocabulary learned in this lesson to complete the missing parts of this dialogue.

El señor Cruz, de la Sección Protectora de Niños, habla con la señora Silva.

SR. CRUZ —Señora, soy de la Sección Protectora de Niños y deseo ver a su hijo.

SRA. SILVA — ....

SR. CRUZ —Deseo ver a su hijo porque tenemos información de que alguien lo maltrató anoche.

SRA. SILVA — ....

SR. CRUZ —Está bien, señora, pero yo necesito verlo.

La señora Silva llama a Pepito y el señor Cruz habla con él.

SR. CRUZ —¿Qué te pasó, Pepito?   ¿Por qué tienes ese morado en el brazo?

PEPITO — ....

SR. CRUZ —¿Dónde te caíste, Pepito?

PEPITO — ....

SR. CRUZ —¿Qué hacías en la escalera?

PEPITO — ....

SR. CRUZ —¿Estabas jugando solo?

PEPITO — ....

SR. CRUZ —¿Dónde estaba tu mamá?

PEPITO — ....

SR. CRUZ —¿Te llevó tu mamá al médico?

PEPITO — ....

SR. CRUZ —Señora, el médico debe examinar al niño.   ¿Cuándo puede Ud. llevarlo?

SRA. SILVA — ....

SR. CRUZ —Muy bien, yo voy a hablar con el médico mañana, y después voy a volver a hablar con Ud.

SITUATIONAL EXERCISES

What would you say in the following situations?

1. You visit the house of the Herrera family. Tell them who you are and whom you work for, and explain that you are there (came) to investigate (a) certain information that you received the previous day. Tell them someone called to report that they were abusing a child.
2. Your neighbor has been abusing his or her child. Tell a social worker that the child has scars on his face and bruises on his arms and legs. Tell the social worker that the mother said the child fell but that you don't believe it.
3. You are talking to the father of an abused child. Tell him that a doctor must check the child. Add that you need the name of their family doctor and that you are going to return in two days.
4. You have had to call the police. Tell the parents that the police are going to take the child to a family who is going to take care of him. Mention the witness hearing and what the judge has to decide. Reassure them that you want to help the child and them.

YOU'RE ON YOUR OWN!

Act out the following situation.

A social worker is investigating a case of child abuse. The social worker should explain his or her presence in the child's parents' home, ask about any scars or bruises the child might have, and tell the parent what is going to happen.

VOCABULARY EXPANSION

el **abuso sexual**	sexual abuse	el **incesto**	incest
el **concubinato**	common-law marriage	la **prueba adicional**	additional proof
la **custodia**	custody	la **tensión familiar**	family tension
la **fractura**	fracture	el, la **tutor(-a)**	guardian

Complete the following sentences using the new words and expressions presented in the Vocabulary Expansion.

1. No tiene padres. Vive con su ....

2. El .... es un .... sexual.

3. No son casados. Viven en ....

4. ¿Quién tiene la .... de los niños? ¿El padre o la madre?

5. Para llamar a la policía necesitamos pruebas ....

6. El médico debe revisar al niño porque creo que tiene una ....

7. Maltratan al niño porque hay mucha .... familiar en la casa.

Lesson 13

Maltrato de un niño (II)

La señora Soto está hablando con el señor Torres, para averiguar más detalles sobre el caso.

SRA. SOTO	—¿Qué clase de disciplina usan Uds., señor Torres? ¿Cómo castigan al niño cuando se porta mal?
SR. TORRES	—Bueno,… yo no estoy mucho en mi casa… Mi esposa casi siempre le da una paliza.
SRA. SOTO	—¿Ella es la que lo disciplina?
SR. TORRES	—Sí,… a veces le pega con un cinto… es que el niño es muy travieso…
SRA. SOTO	—¿Le pega con la mano abierta o con el puño?
SR. TORRES	—Cuando está muy enojada le pega con el puño…
SRA. SOTO	—¿Nota Ud. a veces marcas o morados?
SR. TORRES	—Sí,… el otro día noté que tenía un morado en la cara. Dijo que no sabía qué era, pero me mintió…
SRA. SOTO	—¿Ud. y su esposa se llevan bien, o están teniendo algunos problemas?
SR. TORRES	—Ella siempre se queja… sobre todo desde que murió nuestro bebito.
SRA. SOTO	—¿Consultaron ustedes con algún consejero familiar?
SR. TORRES	—No,… ¿para qué? No nos gusta hablar de nuestras cosas con otras personas…
SRA. SOTO	—¿Ayuda Ud. a su esposa con los trabajos de la casa o con el cuidado de los niños?
SR. TORRES	—Ése es su trabajo… yo vengo a casa cansado después de trabajar todo el día…
SRA. SOTO	—¿Toman Uds. bebidas alcohólicas?
SR. TORRES	—Sí,… cerveza o vino… no mucho…
SRA. SOTO	—¿Muy seguido?
SR. TORRES	—Por la noche… los fines de semana…
SRA. SOTO	—¿Están tomando Ud. o su esposa alguna medicina especial?
SR. TORRES	—Mi esposa toma calmantes para los nervios. Se los recetó el médico.
SRA. SOTO	—¿Tiene Raúl algún problema especial?
SR. TORRES	—Creo que sí… No se queda quieto ni un momento… siempre anda corriendo y saltando…
SRA. SOTO	—Gracias por contestar mis preguntas, señor Torres. Ahora quiero hablar con su esposa, por favor.
SR. TORRES	—Lo siento, pero mi esposa acaba de salir. Fue a visitar a su mamá.
SRA. SOTO	—¿Cuál es el número de teléfono de su suegra?

* * *

Child Abuse (II)

Mrs. Soto is speaking with Mr. Torres, to find out more details about the case.

MRS. SOTO:	What kind of discipline do you use, Mr. Torres? How do you punish the child when he misbehaves?
MR. TORRES:	Well, . . . I'm not home much. . . . My wife nearly always gives him a spanking.

113

MRS. SOTO:	Is she the one who disciplines him?
MR. TORRES:	Yes, . . . sometimes she hits him with a belt . . . the fact is, the child is very mischievous. . . .
MRS. SOTO:	Does she hit him with the open hand or with the fist?
MR. TORRES:	When she is very angry she hits him with the fist. . . .
MRS. SOTO:	Do you sometimes notice marks or bruises?
MR. TORRES:	Yes, . . . the other day I noticed that he had a bruise on his face. She said she didn't know what it was, but she lied to me. . . .
MRS. SOTO:	Do you and your wife get along well, or are you having any problems?
MR. TORRES:	She always complains . . . especially since our baby died.
MRS. SOTO:	Did you consult any family counselor?
MR. TORRES:	No, . . . what for? We don't like to talk about our affairs with other people. . . .
MRS. SOTO:	Do you help your wife with the housework or with the care of the children?
MR. TORRES:	That's her job . . . I come home tired after working all day. . . .
MRS. SOTO:	Do you drink (any) alcoholic drinks?
MR. TORRES:	Yes, . . . beer or wine . . . not much. . . .
MRS. SOTO:	Very often?
MR. TORRES:	In the evening . . . on weekends. . . .
MRS. SOTO:	Are you or your wife taking any special medicine?
MR. TORRES:	My wife takes tranquilizers for her nerves. The doctor prescribed them for her.
MRS. SOTO:	Does Raul have any special problem?
MR. TORRES:	I think so. . . . He doesn't sit still (even for) a moment . . . he always goes around running and jumping. . . .
MRS. SOTO:	Thank you for answering my questions, Mr. Torres. Now I want to speak with your wife, please.
MR. TORRES:	I'm sorry, but my wife has just left. She went to visit her mother.
MRS. SOTO:	What is your mother-in-law's phone number?

VOCABULARY

COGNATES

alcohólico(-a) alcoholic	**mucho** much
la **disciplina** discipline	los **nervios** nerves
la **marca** mark	

NOUNS

la **bebida** drink
el **bebito,** el **bebé** baby
el **calmante** tranquilizer, sedative
la **cara** face
la **cerveza** beer
el **cinto** belt
la **clase** kind, type
la **cosa** affair, thing
el **detalle** detail
la **paliza** spanking
el **puño** fist
el **vino** wine

VERBS

andar to go around
averiguar to find out
castigar to punish
consultar to consult
correr to run
disciplinar to discipline
mentir (e:ie) to lie, to tell a lie
notar to notice
pegar to hit, to strike
portarse to behave
recetar to prescribe
saltar to jump
tomar to drink, to take
visitar to visit

ADJECTIVES

abierto(-a) open
enojado(-a) angry
travieso(-a) mischievous

OTHER WORDS AND EXPRESSIONS

bueno... well . . .
casi siempre nearly always
desde (que) since
el **fin de semana** weekend
llevarse bien to get along (well)
mal badly
ni un momento (not even) a moment

¿para qué? what for?
portarse mal to misbehave
quedarse quieto to sit (stay) still
seguido, a menudo often, frequently
sobre todo especially, above all
todo el día all day long
trabajo de la casa housework

DIALOGUE RECALL PRACTICE

Study the dialogue you have just read; then complete the sentences below. If you cannot recall some words, reread the dialogue, focusing on the words you missed and learning them within the context of the sentences in which they appear.

La señora Soto está hablando con el señor Torres, para averiguar más detalles sobre el caso.

SRA. SOTO —¿Qué .... de .... usan Uds., señor Torres?

¿Cómo .... niño cuando

.... ?

SR. TORRES —Bueno ... yo no .... mucho ....

.... Mi esposa

.... siempre ....

una ....

SRA. SOTO —¿Ella es la que .... ?

SR. TORRES —Sí,... a veces .... con un

.... es que el niño es ....

....

SRA. SOTO —¿........................... .... con la mano ....

o con el .... ?

SR. TORRES —Cuando está .... le

.... con el ....

SRA. SOTO —¿Nota Ud. a veces .... o morados?

SR. TORRES —Sí,... el otro día .... que tenía un .... en la

cara. .... no .... qué

.... pero me ....

SRA. SOTO —¿Ud. y su esposa ....

.... , o están .... algunos

.... ?

SR. TORRES —Ella siempre .... sobre

.... desde que .... nuestro

....

SRA. SOTO —¿............................. Uds. con algún ....

.... ?

SR. TORRES —No,... ¿ .... ? No

.... hablar de ....

.... con otras ....

SRA. SOTO —¿............................. Ud. .... su esposa con los

.... la casa o con el

.... los niños?

SR. TORRES —Ése es ....yo vengo a

.... después de trabajar

....

SRA. SOTO —¿Toman Uds. .... ?

SR. TORRES —Sí,... .... o ....no mucho...

SRA. SOTO —¿Muy .... ?

SR. TORRES —Por la noche... los ....

....

SRA. SOTO —¿Están .... Ud. o su esposa alguna ....

.... ?

SR. TORRES —Mi esposa toma .... para los .... Se los

.... el médico.

SRA. SOTO —¿Tiene Raúl .... problema .... ?

SR. TORRES —............................. ....

No se .... ni un ....

siempre .... corriendo y ....

116

SRA. SOTO —Gracias por .... mis .... , señor Torres.

Ahora .... con su esposa, por favor.

SR. TORRES —Lo siento, ... mi esposa ....

.... Fue a .... a su

....

SRA. SOTO —¿........................... .... el número de

.... de su .... ?

LET'S PRACTICE!

A. Change the verb in each of the following sentences to agree with the new subject.

1. Yo sentí dolor en la cara ayer.

   Él ....

2. Nosotros no dormimos bien ayer.

   El bebito ....

3. Tú me mentiste.

   Ellos ....

4. ¿Cuándo murió Carlos?

   ¿ .... ellos?

5. Yo no pedí cerveza ni vino.

   Uds. ....

6. ¿Tú serviste esas bebidas?

   ¿Ud. .... ?

B. Complete the following sentences using the Spanish equivalent of the words in parentheses.

1. ¿........................... su dirección?   (*What is . . .?*)

2. Nosotros .... a nuestros padres.   (*have just visited*)

3. ¿........................... una guardería? ¡Yo no sé qué es eso!   (*What is... ?*)

4. Él .... un calmante.   (*has just taken*)

5. .... los documentos que necesitamos?   (*What are . . .?*)

C. Complete the following sentences using *dolerle*, *gustarle*, or *hacerle falta (a uno)*, as needed.

1. Al niño .... la cabeza.

2. A nosotros no .... ese calmante, es malo.

3. A mí .... un cinto nuevo.

4. ¿........................... el vino y la cerveza a Uds.?

5. A ellos .... los brazos.

QUESTION-ANSWER EXERCISES

A. Answer the following questions with complete sentences.

1. ¿Qué desea averiguar la señora Soto?

   ....

2. ¿Cómo castiga la señora Torres a su hijo?

   ....

3. ¿Quién disciplina al niño casi siempre?

   ....

4. ¿Por qué le pegan al niño?

   ....

5. ¿Dónde tenía el niño un moretón el otro día?

   ....

6. ¿Se llevan bien el señor Torres y su esposa?

   ....

7. ¿Con qué le pegan al niño?

   ....

8. ¿Consultaron los esposos Torres con un consejero familiar? ¿Por qué?

   ....

9. ¿Cuándo toman bebidas alcohólicas el señor Torres y su esposa?

   ....

10. ¿Cuáles son las bebidas alcohólicas que toman los fines de semana?

    ....

11. ¿Ayuda el señor Torres a su esposa con el trabajo?

     ....

12. ¿A quién le recetó el médico un calmante?

     ....

13. ¿Qué problema especial tiene Raúl?

     ....

14. ¿Por qué no puede hablar la Sra. Soto con la Sra. Torres?

     ....

15. ¿Qué le pregunta la Sra. Soto al Sr. Torres?

     ....

B. And now, answer these personal questions.

1. ¿Era Ud. muy travieso cuando era niño?

     ....

2. ¿Habla Ud. de sus cosas con otras personas?

     ....

3. ¿Se queja Ud. cuando tiene que hacer el trabajo de la casa?

     ....

4. ¿Cuál es su bebida favorita?

     ....

5. ¿Trabaja Ud. los fines de semana?

     ....

6. ¿Está tomando Ud. alguna medicina especial?

     ....

7. ¿Se llevan bien su familia y Ud.?

     ....

8. Cuando Ud. era niño (a), ¿le dio su padre una paliza alguna vez? ¿Por qué?

     ....

DIALOGUE COMPLETION

Using your imagination and the vocabulary learned in this lesson, complete the missing parts of this dialogue.

El señor Cruz habla con el señor Silva para averiguar más detalles sobre el maltrato a Pepito.

SR. CRUZ —¿Quién castiga a Pepito cuando se porta mal o no se queda quieto?

SR. SILVA — ....

SR. CRUZ —¿Solamente su esposa?

SR. SILVA — ....

SR. CRUZ —Pepito tiene muchas marcas y moretones en los brazos. ¿Sabe Ud. por qué?

SR. SILVA — ....

SR. CRUZ —¿Sabe Ud. con qué le pega su esposa al niño?

SR. SILVA — ....

SR. CRUZ —¿Por qué le pega tanto su esposa al niño?

SR. SILVA — ....

SR. CRUZ —¿Se llevan Uds. bien o tienen problemas?

SR. SILVA — ....

SR. CRUZ —¿No la ayuda Ud. con los trabajos de la casa?

SR. SILVA — ....

SR. CRUZ —Yo creo que Uds. deben hablar con un consejero familiar.

SITUATIONAL EXERCISES

What would you say in the following situations?

1. You are conducting an investigation on a child abuse case. Ask the child's mother, Mrs. García, what kind of discipline she uses and how she punishes the child when he misbehaves. Ask her also whether she uses a belt, and whether she hits him with an open hand or with her fist.

2. You are talking to a social worker and discussing some family problems. Tell him or her that you and your spouse don't get along, especially now that you have another baby. Tell him you consulted a family counselor but that he didn't help you much. Tell him or her also that your spouse takes alcoholic drinks very often.

3. You are trying to ascertain what problems a family is having. Ask the wife, Mrs. Lovera, the following questions: Does her husband help her with the housework and the care of the children? Do they drink any alcoholic beverages and, if so, do they do so often? Does she or her husband take any special medicine? Do their children have any special problems? Thank Mrs. Lovera for answering your questions.

4. Somebody wants to see your supervisor.   Tell him/her that the supervisor has just left and suggest that he/she return tomorrow.

YOU'RE ON YOUR OWN!

Act out the following situation with a partner.

A social worker investigating a case of child abuse is talking with one of the parents about the kind of discipline used and specific problems in the home.   The parents' habits and children's behavior should also be discussed.

VOCABULARY EXPANSION

la **boca**   mouth
la **cadera**   hip
el **corazón**   heart
el **cuello**   neck
el **dedo**   finger, toe
los **dientes**   teeth
la **espalda**   back
el **estómago**   stomach
la **garganta**   throat
el **hígado**   liver

la **muela**   molar
la **nariz**   nose
el **oído**   (*inner*) ear
el **ojo**   eye
el **pie**   foot
el **pulmón**   lung
el **riñón**   kidney
la **rodilla**   knee
el **tobillo**   ankle

Name the following parts of the body:

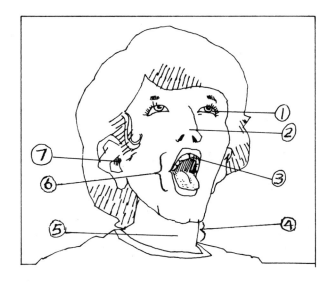

1. ....

2. ....

3. ....

4. ....

5. ....

6. ....

7. ....

1. ....

2. ....

3. ....

4. ....

5. ....

Match the items in column A with those of column B.

A		B
1. corazón	____	a. back
2. espalda	____	b. kidney
3. estómago	____	c. heart
4. hígado	____	d. molar
5. muela	____	e. liver
6. pulmón	____	f. stomach
7. riñón	____	g. lung

Lesson 14

Ayuda a los ancianos

El señor Ríos, visitador social, va a la casa de la señora Díaz, una anciana de setenta y seis años.

SR. RÍOS —¿Qué tal, señora? ¿Cómo se siente?

SRA. DÍAZ —Estoy muy disgustada. La mujer que viene a hacerme la comida y la limpieza no ha ido al mercado.

SR. RÍOS —Si ella tiene dos horas para limpiar y cocinar, quizá no ha tenido tiempo para ir de compras.

SRA. DÍAZ —Pero yo no tengo carro... ¿Cómo voy a ir al mercado?

SR. RÍOS —¿No puede ayudarla algún pariente o vecino?

SRA. DÍAZ —Sí, pero no siempre tienen tiempo... Otra cosa, el doctor me ha dicho que necesito un andador porque a veces no puedo caminar con el bastón...

SR. RÍOS —Muy bien. Déjeme anotarlo.

SRA. DÍAZ —También voy a necesitar una silla de ruedas. A veces las piernas me duelen mucho...

SR. RÍOS —Bueno... ¿qué otros problemas tiene? Hace un mes que Ud. me dijo que el calentador se había descompuesto. ¿Ya lo han arreglado?

SRA. DÍAZ —No, todo anda mal... Y el dueño de la casa nunca arregla nada. ¡Y ayer los chicos de al lado rompieron la ventana con una pelota!

SR. RÍOS —Señora Díaz... yo sé que a Ud. no le gusta la idea, pero yo creo que Ud. va a estar mejor en un asilo de ancianos. Allí no va a estar sola...

SRA. DÍAZ —Prefiero quedarme aquí.

SR. RÍOS —Recuerde que el otro día Ud. se cayó en la bañadera...

SRA. DÍAZ —Sí, por suerte la señora que me hace la limpieza había venido ese día.

SR. RÍOS —Pero ella no está siempre aquí para atenderla. Ud. puede resbalar y caerse... puede quemarse... No puede seguir viviendo sola. Es peligroso.

SRA. DÍAZ —Sí,... a veces tengo dificultad hasta para ponerme los zapatos y la ropa, por la artritis. ¡Es terrible ser vieja!

SR. RÍOS —No diga eso, señora. Ud. va a ver que con otras personas de su edad se va a sentir mejor.

SRA. DÍAZ —No lo creo... Mi esposo murió en un hospital para convalescientes. Estaba enfermo y nunca había nadie con él...

SR. RÍOS —No debe pensar en eso.

SRA. DÍAZ —Bueno, vamos a ver. A lo mejor me mudo, porque aquí hay ratones y cucarachas.

SR. RÍOS —¡Tantos problemas! A ver por dónde empezamos...

* * *

Aid for the Aged

Mr. Rios, a social worker, goes to the house of Mrs. Diaz, a seventy-six-year-old lady.

MR. RIOS: How's it going, ma'am? How are you feeling?

MRS. DIAZ:	I'm very upset. The woman who comes to fix my meals and do the cleaning hasn't gone to the market.
MR. RIOS:	If she has two hours to clean and cook, perhaps she hasn't had time to go shopping.
MRS. DIAZ:	But I don't have a car. . . . How am I going to go to the market?
MR. RIOS:	Can't some relative or neighbor help you?
MRS. DIAZ:	Yes, but they don't always have time. . . . Another thing, the doctor has told me that I need a walker because sometimes I can't walk with the cane. . . .
MR. RIOS:	Very well. Let me write it down.
MRS. DIAZ:	I'm also going to need a wheelchair. Sometimes my legs hurt a lot. . . .
MR. RIOS:	Okay . . . what other problems do you have? A month ago you told me the heater had broken. Have they fixed it?
MRS. DIAZ:	No, everything goes wrong. . . . And the landlord never fixes anything. And yesterday the children next door broke the window with a ball!
MR. RIOS:	Mrs. Diaz . . . I know you don't like the idea, but I think you're going to be better off in a home for the elderly. There you're not going to be alone. . . .
MRS. DIAZ:	I'd rather stay here.
MR. RIOS:	Remember that the other day you fell in the bathtub. . . .
MRS. DIAZ:	Yes, luckily the lady who does the cleaning had come that day.
MR. RIOS:	But she is not always here to take care of you. You can slip and fall . . . you can burn yourself. . . . You can't go on living alone. It's dangerous.
MRS. DIAZ:	Yes, . . . Sometimes I have difficulty even putting my shoes and clothes on, because of the arthritis. It's terrible to be old!
MR. RIOS:	Don't say that, ma'am. You'll see that with other people your own age you're going to feel better.
MRS. DIAZ:	I don't believe it. . . . My husband died in a convalescent hospital. . . He was sick and there was never anybody with him. . . .
MR. RIOS:	You mustn't think about that.
MRS. DIAZ:	Well, we'll see. Maybe I'll move, because there are mice and roaches here.
MR. RIOS:	So many problems! Let's see where we start. . . .

VOCABULARY

COGNATES

la **artritis** arthritis

el, la **convalesciente** convalescent

la **dificultad** difficulty

terrible terrible

NOUNS

el, la **anciano(-a)** old person, aged (person)
el **andador** walker
el **asilo de ancianos (la casa para ancianos)** home for the elderly
la **bañadera** bathtub
el **bastón** cane
el **calentador, el calentón** (*Mex.*) heater
la **cucaracha** cockroach
el, la **dueño(-a) de la casa** landlord, landlady
la **limpieza** cleaning
el **mercado** market
el, la **pariente** relative
la **pelota** ball
el **ratón** mouse
la **silla de ruedas** wheelchair
el **tiempo** time

el, la **visitador(-a) social** social worker who makes home visits

VERBS

anotar to write down
arreglar to fix
atender (e:ie) to take care of
cocinar to cook
dejar to let, to allow
descomponer(se) to break
limpiar to clean
mudarse to move (*i.e., from one house to another*)
ponerse to put on
quemar(se) to burn (oneself)

resbalar   to slip
sentirse (e:ie)   to feel

ADJECTIVES

descompuesto(-a)   out of order
disgustado(-a)   upset
peligroso(-a)   dangerous
viejo(-a)   old

OTHER WORDS AND EXPRESSIONS

a lo mejor, quizá   perhaps, maybe

allí   there
de al lado   next door
había   there was (imperfect of haber,
   the infinitive of hay)
hasta   even
ir de compras   to go shopping
por suerte   luckily
¿qué tal?   how is it going?
tantos(-as)   so many
todo anda mal   everything is going wrong

DIALOGUE RECALL PRACTICE

Study the dialogue you have just read; then complete the sentences below. If you cannot recall some words, reread the dialogue, focusing on the words you missed and learning them within the context of the sentences in which they appear.

El señor Ríos, visitador social, habla con la señora Díaz, una anciana de setenta y seis años.

SR. RÍOS   —¿.................................. .... , señora? ¿Cómo

.... ?

SRA. DÍAZ   —Estoy muy .... La mujer que viene a .... la

.... y la .... no ....

.... al ....

SR. RÍOS   —Si ella tiene dos horas para .... y .... , quizá

no .... tiempo para

....

SRA. DÍAZ   —Pero yo no .... ¿Cómo voy a ir al

.... ?

SR. RÍOS   —¿No .... ayudarla algún .... o

.... ?

SRA. DÍAZ   —Sí, pero no siempre ....

Otra .... , el doctor me ....

.... que necesito un .... porque a veces

.... con el

....

SR. RÍOS —Muy bien. ....

SRA. DÍAZ —También .... una

.... de .... A veces las

.... me .... mucho …

SR. RÍOS —Bueno… ¿qué .... tiene?

.... un mes que Ud. me .... que el

.... se .... ¿Ya lo

.... ?

SRA. DÍAZ —No, todo .... … Y el

.... de la .... nunca ....

nada. ¡Y ayer los chicos ....

.... rompieron la ventana con una .... !

SR. RÍOS —Señora Díaz…yo .... que a Ud. no ....

.... la idea, pero yo creo que Ud. ....

.... mejor en un ....

.... Allí no va a ....

.... …

SRA. DÍAZ —Prefiero .... aquí.

SR. RÍOS —Recuerde que el .... Ud. se cayó en la

.... …

SRA. DÍAZ —Sí, ... la señora ....

.... hace la limpieza .... ,

.... ese día.

SR. RÍOS —Pero ella no .... aquí para

.... Ud. puede .... y ....

… puede .... … No puede ....

.... sola. Es ....

SRA. DÍAZ   —Sí,... a veces tengo .... para

.... los .... y la .... , por la

.... ¡Es .... ser .... !

SR. RÍOS   —No .... , señora. Ud. va a ver que

.... de su edad se

va a ....

SRA. DÍAZ   —No .... Mi esposo

.... en un hospital ....

Estaba .... y nunca .... nadie con él...

SR. RÍOS   —No .... en eso.

SRA. DÍAZ   —Bueno, vamos a ver. ....

.... me .... , porque aquí hay

.... y ....

SR. RÍOS   —¡............................ problemas! A ver ....

.... empezamos...

LET'S PRACTICE!

A. **Rewrite the following sentences, changing each italicized verb first into the present perfect and then into the pluperfect tense.**

    1. El calentador *se descompone.*

        ....

        ....

    2. ¿Qué *dice* el anciano?

        ....

        ....

    3. *Compran* un andador y un bastón.

        ....

        ....

4. *Vemos* cucarachas y ratones.

   ....

   ....

5. ¿Tú *vas* al hospital de convalescientes?

   ....

   ....

6. Uds. nunca *cocinan*.

   ....

   ....

7. Quizá no *tienen* tiempo.

   ....

   ....

8. Yo no *me mudo*.

   ....

   ....

B. **You are needed as an interpreter.   Translate the following sentences into Spanish.**

   1. When did you buy the wheelchair?   ....

      I bought it two years ago.   ....

   2. When did they fix the heater?   ....

      They fixed it a week ago.   ....

   3. When did she fall in the bathtub?   ....

      She fell in the bathtub two days ago.   ....

   4. When did Carlos go to the market?   ....

      He went two hours ago.   ....

   5. When did you clean your house?   ....

      We cleaned it five days ago.   ....

QUESTION-ANSWER EXERCISES

A. **Answer the following questions in complete sentences.**

   1. ¿Qué edad tiene la señora Díaz?

      ....

2. ¿Quién es el señor Ríos?

   ....

3. ¿Por qué está disgustada la señora Díaz?

   ....

4. ¿Por qué no ha tenido tiempo de ir de compras la mujer que hace la limpieza?

   ....

5. ¿Por qué no puede ir al mercado la señora Díaz?

   ....

6. ¿Qué cosas necesita la señora Díaz?

   ....

7. ¿Qué hiceron ayer los chicos de al lado?

   ....

8. ¿Qué había pasado con el calentador?   ¿Lo han arreglado?

   ....

9. ¿Dónde cree el señor Ríos que va a estar mejor la señora Díaz?

   ....

10. ¿Qué prefiere hacer la señora Díaz?

    ....

11. ¿Qué le pasó el otro día a la señora Díaz?

    ....

12. ¿Por qué no puede vivir sola la señora Díaz?

    ....

13. ¿Para qué tiene dificultades la señora Díaz?

    ....

14. ¿Dónde murió el esposo de la señora Díaz?

    ....

15. A lo mejor la señora Díaz se va a mudar.   ¿Por qué?

    ....

B. And now, answer these personal questions.

1. ¿Son ancianos sus padres?

   ....

2. ¿Está Ud. disgustado(a) hoy?

   ....

3. ¿Ha tenido Ud. tiempo para ir al mercado hoy?

   ....

4. ¿La / lo ayudan a Ud. sus parientes (vecinos)?

   ....

5. ¿Está descompuesto su coche?

   ....

6. ¿Desea Ud. mudarse de la casa donde vive ahora?

   ....

7. ¿Quién hace la limpieza en su casa?

   ....

8. ¿Vive Ud. solo(a)?

   ....

9. ¿Ha visto cucarachas o ratones en su casa?

   ....

10. Cuando Ud. salió de su casa, ¿ya había comido?

   ....

DIALOGUE COMPLETION

Use your imagination and the vocabulary learned in this lesson to complete the missing parts of this dialogue.

La señora Pérez, visitadora social, habla con el señor Roca, un anciano de ochenta años.

SRA. PÉREZ —..

SR. ROCA —Me siento muy mal. Tengo muchos problemas.

SRA. PÉREZ —..

SR. ROCA	—No, todavía no han arreglado el calentador. El dueño de la casa no arregla nada.
SRA. PÉREZ	—..
SR. ROCA	—Sí, me duelen mucho las piernas y tengo dificultad para ponerme la ropa.
SRA. PÉREZ	—..
SR. ROCA	—Sí, es por la artritis.
SRA. PÉREZ	—..
SR. ROCA	—Sí, hay más problemas. Ayer resbalé y me caí.
SRA. PÉREZ	—..
SR. ROCA	—No, no es peligroso. No estoy solo. Mis vecinos me atienden.
SRA. PÉREZ	—..
SR. ROCA	—Yo no quiero vivir en una casa para ancianos.
SRA. PÉREZ	—..
SR. ROCA	—Porque es terrible; allí todos son viejos.
SRA. PÉREZ	—..
SR. ROCA	—No, no quiero mudarme. Me quedo aquí.

SITUATIONAL EXERCISES

What would you say in the following situations?

1. You are talking to a social worker about the following problems you are having: (a) Your mother's doctor says she needs a walker and a wheelchair, and you don't have money to buy them. (b) The heater has broken and the landlord never fixes anything. (c) Your mother has told you that she wants to continue to live alone, and you think that is very dangerous. (d) You have seen roaches in her apartment.
2. You are visiting Mr. Narváez, one of your clients. Ask him the following questions: (a) How is he feeling? (b) Can he go shopping by himself? (c) Does he have a relative or neighbor to help him? (d) Does he have difficulty dressing, because of (the) arthritis?
3. You are telling a housekeeper what she has to do for your client: (a) make dinner and do the cleaning; (b) clean the windows; (c) clean the bathtub. (Use the command form.)
4. Tell your client that you had told her that she had to move.

YOU'RE ON YOUR OWN!

Act out the following situation with a partner.

A social worker is visiting a client who has problems with housekeeping and cooking. Other problems like poor health, financial needs, and loneliness should be discussed. The social worker should encourage his or her client to move to a home for the elderly.

VOCABULARY EXPANSION

PERTAINING TO THE HOME

la **alfombra** carpet, rug
el **baño,** el **excusado** bathroom
el **comedor** dining room
el **dormitorio,** la **recámara** (*Mex.*) bedroom
el **fregadero** kitchen sink
el **garaje** garage
la **pared** wall
la **sala** living room

la **sala de estar** family room, den

PERTAINING TO FURNITURE

la **cama** bed
la **cómoda** chest-of-drawers
la **mesa** table
la **silla** chair
el **sofá** sofa

Complete the following sentences using the new words and expressions presented in the Vocabulary Expansion.

1. La .... y la .... están en el dormitorio.

2. Pongo mi carro en el ....

3. Necesito un .... para la sala.

4. La mesa y las .... están en el ....

5. Estaban hablando en la sala de ....

6. El .... está en la cocina.

7. Las .... y la .... de mi recámara son verdes.

8. Algunas personas llaman excusado al ....

Lesson 15

En la Oficina de Seguro Social

El señor Casas está en la oficina de la señora Mena, empleada de la Oficina de Seguro Social.

SR. CASAS	—Me manda mi patrón porque me lastimé la espalda y no puedo trabajar.
SRA. MENA	—¿Cuánto tiempo hace que Ud. está incapacitado?
SR. CASAS	—Un mes.
SRA. MENA	—¿Cree Ud. que va a estar incapacitado por doce meses o más?
SR. CASAS	—Sí, el médico me ha dicho que este problema durará por lo menos un año.
SRA. MENA	—¿Cuánto tiempo hacía que Ud. trabajaba cuando se lastimó la espalda?
SR. CASAS	—Ocho años. ¿Tengo derecho a recibir beneficios?
SRA. MENA	—Sí, porque para recibirlos, Ud. necesita haber trabajado durante cinco años en los últimos diez años.
SR. CASAS	—Menos mal, porque necesito el dinero.
SRA. MENA	—Llene primero la solicitud con su historia clínica.
SR. CASAS	—¿Cuándo empezaré a recibir los cheques?
SRA. MENA	—Demoran entre sesenta y noventa días para decidir.
SR. CASAS	—¿Tanto tiempo? ¿Por qué?
SRA. MENA	—Porque su historia clínica va a otra agencia que se encargará de verificarla y decidirá si usted es elegible o no.
SR. CASAS	—Me habían dicho que comenzarían a pagarme en seguida.
SRA. MENA	—No… Ahora, Ud. debe firmar este permiso autorizándonos a obtener información acerca de su historia clínica.
SR. CASAS	—Muy bien. ¿Cuánto dinero recibiré al mes?
SRA. MENA	—Eso depende. Nosotros vamos a obtener información acerca del dinero que Ud. ha ganado durante el tiempo que ha trabajado.
SR. CASAS	—¿Entonces Uds. me lo van a notificar?
SRA. MENA	—Sí. Nosotros comenzamos a pagar a partir del sexto mes.
SR. CASAS	—¿Y mientras tanto…?
SRA. MENA	—El Programa Estatal de Beneficios para Incapacitados paga los primeros cinco meses. Ud. debe presentar su solicitud.
SR. CASAS	—Dígame… Podría, jubilarme antes de los sesenta y cinco años, ¿verdad?
SRA. MENA	—¿Cuándo nació Ud.?
SR. CASAS	—Yo nací en mil novecientos treinta.
SRA. MENA	—Entonces ya puede jubilarse. Sin embargo, solamente podrá recibir el ochenta por ciento de su jubilación.
SR. CASAS	—Y al cumplir sesenta y cinco años, ¿comenzaría a recibir el ciento por ciento?[1]
SRA. MENA	—No, si Ud. se jubila antes, va a continuar recibiendo solamente el ochenta por ciento por el resto de su vida.

---

[1]Colloquial: *cien por ciento*

133

∗ ∗ ∗

At the Social Security Office

Mr. Casas is in the office of Mrs. Mena, an employee of the Social Security Office.

MR. CASAS:	My boss has sent me (is sending me) because I hurt my back and I can't work.
MRS. MENA:	How long have you been disabled?
MR. CASAS:	One month.
MRS. MENA:	Do you think you're going to be disabled for twelve months or more?
MR. CASAS:	Yes, the doctor has told me that this problem will last at least a year.
MRS. MENA:	How long had you been working when you hurt your back?
MR. CASAS:	Eight years. Do I have a right to receive benefits?
MRS. MENA:	Yes, because to receive them you need to have worked five years out of the last ten years.
MR. CASAS:	Thank goodness, because I need the money.
MRS. MENA:	First fill out the application with your medical history.
MR. CASAS:	When will I start getting the checks?
MRS. MENA:	They take between sixty and ninety days to decide.
MR. CASAS:	So long? Why?
MRS. MENA:	Because your medical history goes to another agency, which will be in charge of verifying it and will decide whether you are eligible or not.
MR. CASAS:	They had told me that they would start paying me right away.
MRS. MENA:	No, . . . Now you must sign this permission authorizing us to obtain information about your medical history.
MR. CASAS:	Very well. How much money will I receive monthly?
MRS. MENA:	That depends. We are going to obtain information about the money that you have earned during the time you have worked.
MR. CASAS:	Then are you going to notify me?
MRS. MENA:	Yes. We start to pay at the beginning of the sixth month.
MR. CASAS:	And in the meantime . . . ?
MRS. MENA:	The State Disability Benefit Program pays the first five months. You must present your application.
MR. CASAS:	Tell me . . . I would be able to retire before sixty-five, right?
MRS. MENA:	When were you born?
MR. CASAS:	I was born in 1930.
MRS. MENA:	Then you can already retire. However, you will be able to get only 80 percent of your retirement.
MR. CASAS:	And when I turn sixty-five . . . Would I start getting 100 percent?
MRS. MENA:	No, if you retire early, you will continue to get only 80 percent for the rest of your life.

VOCABULARY

COGNATES

la **agencia**	agency	el **permiso**	permission
el **beneficio**	benefit	el **resto**	rest

NOUNS

el, la **empleado(-a)** employee, clerk
la **historia clínica** medical history
la **jubilación, el retiro** retirement
el, la **patrón, patrona** boss
la **vida** life

VERBS

autorizar to authorize
demorar to take (*time*)
depender (de) to depend (on)
durar to last
encargarse (de) to be in charge (of)

jubilarse, retirarse to retire
lastimarse to get hurt
obtener (*conj. like* **tener**) to obtain, to get
presentar to present
verificar to verify

ADJECTIVES

estatal state
incapacitado(-a) disabled
último(-a) last

OTHER WORDS AND EXPRESSIONS

a partir de at the beginning of, starting with

acerca de about
al cumplir... años on becoming . . . years (old)
antes early, before
durante during
entre between, among
haber trabajado to have worked
menos mal thank goodness
mientras tanto in the meantime
por ciento percent
por lo menos at least
sin embargo however
tanto tiempo so long

DIALOGUE RECALL PRACTICE

Study the dialogue you have just read; then complete the sentences below. If you cannot recall some words, reread the dialogue, focusing on the words you missed and learning them within the context of the sentences in which they appear.

El señor Casas está en la oficina de la señora Mena, empleada de la Oficina de Seguro Social.

SR. CASAS —Me manda mi .... porque ....

.... la .... y no puedo trabajar.

SRA. MENA —¿... que Ud.

está .... ?

SR. CASAS —Un ....

SRA. MENA —¿Cree Ud. que ....

.... incapacitado por doce .... o

.... ?

SR. CASAS —Sí, el médico me .... que este problema

....

.... un año.

SRA. MENA —¿Cuánto tiempo .... que Ud. .... cuando

.... la .... ?

SR. CASAS —Ocho .... ¿Tengo derecho a recibir .... ?

SRA. MENA —Sí, porque para .... , Ud. necesita ....

.... cinco años en los

.... diez años.

SR. CASAS —.................................. .... , porque necesito el dinero.

SRA. MENA —.................................. .... la solicitud con su

....

SR. CASAS —¿Cuándo .... a recibir los .... ?

SRA. MENA —.................................. .... sesenta y noventa días para decidir.

SR. CASAS —¿.......................... .... ? ¿Por qué?

SRA. MENA —Porque su .... va a otra

.... que .... de

.... y .... si Ud. es .... o

no.

SR. CASAS —Me .... que .... a

.... en seguida.

SRA. MENA —No,... Ahora, Ud. debe firmar este .... a

.... información ....

su historia clínica.

SR. CASAS —Muy bien. ¿.......................... dinero .... al mes?

SRA. MENA —Eso .... Nosotros vamos a .... informa-

ción .... dinero que Ud.

.... el tiempo que

....

SR. CASAS —¿Entonces Uds. me lo .... a .... ?

SRA. MENA —Sí. Nosotros comenzamos a pagar ....

del ....

SR. CASAS —¿Y .... ?

SRA. MENA —El Programa .... de .... para

.... paga los primeros cinco .... Ud. debe

.... su solicitud.

SR. CASAS —Dígame... .... antes de los sesenta y

cinco años, ¿.......................... ?

SRA. MENA —¿................................. .... Ud.?

SR. CASAS —Yo .... en ....

veinticuatro.

SRA. MENA —Entonces ya puede ....

............................., solamente .... recibir el ochenta

.... de su ....

SR. CASAS —Y .... sesenta y cinco años...

¿............................. a recibir el ciento ....

.... ?

SRA. MENA —No, si Ud. .... antes,

.... recibiendo

solamente el ochenta .... por el

.... de su ....

LET'S PRACTICE!

A. **Using the elements given, create sentences using the expression** *hacía....que.*

Modelo: una hora / ellos / hablar / empleado
Hacía una hora que ellos hablaban con el empleado.

1. una semana / el patrón / no tener / coche

....

2. ¿ / cuánto tiempo / tú / estar / incapacitado(a) / ?

....

3. dos días / la anciana / no comer / nada

....

4. veinte minutos / nosotros / estar / aquí

....

5. ¿ / cuántos meses / ustedes / no recibir / dinero ?

....

B. **Answer the following sentences using the cues provided in parentheses.**

Modelo: ¿Cuándo obtendrán ustedes el permiso? (la semana que viene)
Lo obtendremos la semana que viene.

1. ¿Cuándo se lo notificará usted a la agencia?   (mañana)

   ....

2. ¿Cuánto tiempo demorarán ustedes en hacer los trámites?   (tres meses)

   ....

3. ¿Quién se encargará de verificarlo?   (Yo)

   ....

4. ¿Quién autorizará el pago del resto del dinero?   (Nosotros)

   ....

5. ¿Cuándo tendremos que traer Pedro y yo la historia clínica?   (el lunes)

   ....

C. **Answer the following questions using the cues provided in parentheses.**

Modelo: ¿Qué dijo él?   (venir mañana)
Dijo que vendría mañana.

1. ¿Qué dijeron los empleados?   (tú no tener ningún beneficio)

   ....

2. ¿Qué dijo tu mamá?   (yo lastimarme)

   ....

3. ¿Qué dijo el patrón?   (Nosotros no recibir retiro)

   ....

4. ¿Qué dijiste tú?   (encargarte de verificarla)

   ....

5. ¿Qué dijimos nosotros?   (no poder jubilarnos todavía)

   ....

QUESTION-ANSWER EXERCISES

A. **Answer the following questions in complete sentences.**

   1. ¿Dónde está el señor Casas?

   ....

2. ¿Qué problemas tiene el señor Casas?

....

3. ¿Cuánto tiempo hace que está incapacitado?

....

4. ¿Cuánto tiempo hacía que trabajaba cuando se lastimó la espalda?

....

5. ¿Por cuánto tiempo estará el señor Casas sin poder trabajar?

....

6. ¿Podrá recibir beneficios el señor Casas?   ¿Por qué?

....

7. ¿Qué deberá llenar primero el señor Casas?

....

8. ¿Cuánto tiempo demorarán en decidir si el señor Casas es elegible o no?

....

9. ¿A dónde mandarán la historia clínica del señor Casas?

....

10. ¿Qué debe firmar el señor Casas?

....

11. ¿Para qué es el permiso?

....

12. ¿Cuándo comenzará a pagar el Seguro Social?

....

13. ¿Qué por ciento de la jubilación podrá recibir el señor Casas si se jubila antes de los 65 años?

....

14. ¿Recibirá el señor Casas el ciento por ciento al cumplir los 65 años?

....

B. And now, answer these personal questions.

1. ¿Cuánto tiempo hace que usted trabaja?

....

2. ¿Cuándo nació usted?

   ....

3. ¿Está usted incapacitado(a) para trabajar?

   ....

4. ¿Se jubilaría usted antes de los 65 años?

   ....

5. Tengo 56 años.   ¿Podría jubilarme ya y recibir el ciento por ciento de la jubilación?

   ....

6. ¿En qué año se jubilará usted?

   ....

DIALOGUE COMPLETION

Use your imagination and the vocabulary learned in this lesson to complete the missing parts of this dialogue.

En la oficina de Seguro Social el señor Pinto habla con la señora Roca, empleada de la oficina.

SRA. ROCA   —¿Por qué no puede trabajar Ud., señor Pinto?

SR. PINTO   —...

SRA. ROCA   —¿Cuándo se lastimó Ud., señor?

SR. PINTO   —...

SRA. ROCA   —¿Cuánto tiempo cree Ud. que estará incapacitado?

SR. PINTO   —...

SRA. ROCA   —¿Un año y medio?   ¿Cuánto tiempo hacía que trabajaba cuando se lastimó?

SR. PINTO   —...

SRA. ROCA   —Sí, si trabajó diez años es elegible para recibir beneficios.

SR. PINTO   —...

SRA. ROCA   —Ahora tiene que llenar la solicitud con su historia clínica.

SR. PINTO   —...

SRA. ROCA   —No, no empezará a recibir los cheques en seguida.

SR. PINTO   —...

SRA. ROCA   —Demora en recibirlos entre 60 y 90 días.

SR. PINTO   —...

SRA. ROCA   —Yo sé que Ud. necesita el dinero, pero mientras tanto Ud. podria presentar su solicitud al Programa Estatal de Beneficios para Incapacitados.

SR. PINTO   —...

SRA. ROCA   —Ud. podrá recibir esos beneficios durante los primeros cinco meses.

SITUATIONAL EXERCISES

What would you say in the following situations?

1. You work for the Social Security Office, and you are talking with a Mr. Ceballos, who is applying for disability benefits. Ask him how long he has been disabled and whether he thinks he is going to be disabled for a year or longer. Ask him also how long he had been working when he hurt himself.

2. You are applying for disability benefits. Ask the social worker at the Social Security Office the following questions: (a) When will you start receiving the checks? (b) How long will they take to decide whether you are entitled to receive disability benefits? (c) How much money will you receive monthly?

3. You are talking with a Miss Muñoz. Explain to her what has to be done to decide on her eligibility and on the amount she will receive. Tell her that the following steps must be taken before she can receive benefits: (a) her medical history will have to go to another agency; (b) she must sign a permission, authorizing you to obtain information on her medical history; (c) you must obtain information about the money she has earned during the time she has worked.

4. Mrs. Peralta wants some information about early retirement. Explain the following: (a) that she will be able to retire before sixty-five; (b) that if she does, she can only receive 80 percent of her retirement; (c) that she will continue to receive only 80 percent for the rest of her life.

YOU'RE ON YOUR OWN!

Act out the following situations with a partner.

1. A worker from the Social Security Office is talking with a person who is applying for disability benefits.

2. A worker from the Social Security Office is discussing early retirement with a client.

VOCABULARY EXPANSION

al dorso over, on the back (*of the page*)
calcular to calculate
cancelar to cancel
la **cantidad fija** fixed amount
la **cruz,** la **equis (X)** cross, X

el **error** error, mistake
el, la **obrero(-a)** worker, laborer
el **plazo** term
el, la **trabajador(-a) agrícola** farm worker
vencer to expire

Complete the following sentences using the new words and expressions presented in the Vocabulary Expansion.

1. Si no sabe firmar debe poner una ....

2. El .... para pagar los impuestos .... el 15 de abril.

3. Voy a continuar escribiendo al ....

4. No sé cuánto gano al mes, porque no es una cantidad ....

5. Si hay un .... , notifíquemelo en seguida.

6. Tenemos que .... cuánto debemos.

7. Ellos son trabajadores ....

8. Esos .... tienen que trabajar tiempo completo.

9. Van a .... ese programa federal.

LESSONS 11–15	VOCABULARY REVIEW

A. Circle the word or phrase that does not belong in each group.

1. cerveza, vino, puño
2. recetan, ven, notan
3. pegar, consultar, castigar
4. tomamos, bebemos, averiguamos
5. enojado, abierto, disgustado
6. escribe, anota, arregla
7. bastón, andador, mercado
8. limpieza, cucarachas, ratones
9. tío, dueño de la casa, pariente
10. señora de al lado, vecina, empleada
11. autorizamos, duramos, damos permiso
12. mientras tanto, acerca de, durante
13. brazo, pierna, mano
14. comida, moretón, cicatriz
15. lloran, examinan, revisan
16. cabeza, cocina, pecho
17. examen de testigos, juez, escalera
18. se cayó, comió, se lastimó
19. maltrato, carro, transporte
20. boca, dientes, pie
21. dormitorio, cadera, recámara
22. riñón, oído, nariz
23. cómoda, cama, sofá
24. rodilla, cruz, equis
25. baño, sala de estar, excusado
26. corazón, estómago, plazo

B. Circle the word or phrase that best completes each sentence.   Then read the sentence aloud.

1. Bueno, al (notificar, calcular, cumplir) sesenta y cinco años, puede jubilarse.
2. Me lastimé la (espalda, historia clínica, alfombra).
3. El patrón va a (encargarse, bañarse, acostarse) del resto.
4. No podrá trabajar pues está (incapacitado, peligroso, pálido).
5. (Alguna vez, Menos mal, Aquí tiene) mi tarjeta.
6. Necesita haber trabajado (ni un momento, sin tener en cuenta, por lo menos) diez años.
7. Ellos demoraron dos años en volver. (¡Ningún lado! ¡Tanto tiempo! ¡Casi siempre!)
8. Mi esposo nunca me ayuda con el (detalle, pulmón, trabajo de la casa).

9. El médico ya me recetó un (calmante, cinto, impuesto) para los nervios.

10. Mi esposa y yo no nos (llevamos, cancelamos, verificamos) bien.

11. Usted debe (visitar, cocinar, presentar) su solicitud.

12. Voy a ponerme la (ropa, silla de ruedas, pared).

13. Es mi vecino. Vive (cerca, en caso, acerca) de mi casa.

14. Trae al niño (hasta, excepto, de) la mano.

15. Tengo mucha dificultad para vestirme por la (artritis, cara, sala).

16. (Demoro, Me siento, Resbalo) muy mal.

17. ¿Qué (cosa, clase, chichón) de disciplina usan ustedes?

18. El niño nunca se queda quieto. Es muy (travieso, fregadero, delgado).

19. Usted no debe escribir en la segunda (muela, agencia, página).

20. Esos obreros no trabajan. Van a (pedir, viajar, dejar) ayuda económica.

21. No puedo usar el coche. Está (abierto, descompuesto, al dorso).

22. Debe firmar el documento (en mi presencia, todo el día, con el tobillo).

23. ¿Tiene alguna otra propiedad (desde que, dentro de, además de) la casa?

24. El tutor tiene que pagar parte de los (bastones, concubinatos, gastos) médicos.

25. Los niños siempre (andan, vencen, consultan) corriendo y saltando.

26. Si se jubila antes, va a continuar recibiendo el 80 por ciento por el resto de su (bebida, cantidad fija, vida).

27. Los niños rompieron la ventana con una (pelota, cicatriz, garganta).

28. Recibirá (fractura, beneficios, disciplina) porque está incapacitado para trabajar.

29. MEDICAID es un programa de (ayuda, silla, autoridad) médica para las personas pobres.

30. El médico debe llenar esta (sección, escalera, mesa).

31. ¡Los trabajadores agrícolas tienen tantos problemas! Tenemos que (contarlos, ayudarlos, dejarlos).

32. ¿Vas a cocinar o vas a hacer la (limpieza, custodia, prueba adicional)?

33. Recibimos cierta información de un vecino y debo investigarla. Dice que ustedes están (maltratando, limpiando, ayudando) a un niño.

34. ¿Cómo castiga usted al niño cuando (se levanta, se acuesta, se porta mal)?

35. Hace mucho frío. Necesitamos un (hígado, calentador, comedor).

C. Match the questions in column A with the answers in column B.

A

1. ¿Para qué van a consultar con un consejero familiar? ____

2. ¿Quién disciplina a los niños? ____

3. ¿Qué más quiere? ¿Vino? ____

4. ¿Tiene muchas marcas en las piernas? ____

5. ¿Cuánto voy a recibir? ____

6. ¿Quieres ir de compras hoy? ____

7. ¿Dónde murió su padre? ____

8. ¿Por qué no quiere vivir sola? ____

9. ¿Dónde estaban ellos? ____

B

a. Eso depende del dinero que usted ha ganado.

b. A lo mejor nos mudamos...

c. Allí, en el patio.

d. En un hospital para convalescientes.

e. Bien, gracias.

f. No, no bebo bebidas alcohólicas.

g. No, por suerte estaban con la vecina.

h. Sí, todo anda mal...

i. Mi esposa.

j. Mañana.

10. ¿Qué van a hacer ustedes? ____

11. ¿Está descompuesto el calentador también? ____

12. ¿Qué tal? ____

13. ¿Estaban solos los niños? ____

14. ¿Qué te pasó? ____

15. ¿Cuándo vas a preparar la comida? ____

16. ¿Cuándo dejaron de pagar por los servicios médicos? ____

17. ¿Puede hacer una excepción en este caso? ____

18. ¿Está bien? ____

19. ¿Va a haber una investigación? ____

20. ¿Por qué no usas el calentador? ____

k. Sí, y muchos moretones...

l. Me quemé.

m. Para hablar de nuestros problemas.

n. Porque es peligroso.

o. No, no tengo tiempo.

p. El año pasado.

q. Quizás sí, porque la vecina llamó a la policía.

r. Porque se descompuso.

s. No, tiene muchos errores.

t. Sí, porque es una emergencia.

D. Crucigrama

HORIZONTAL

3. No gana mucho dinero; es una persona de bajos ____ .

8. sábado y domingo: fin de ____

9. mentir: ellos ____

11. *neck,* en español

12. *upset,* en español (*feminine form*)

13. comenzando: a ____ de

17. atender: ellos ____

19. por mes

22. imperfecto de «hay»

24. No tienen dinero; son muy ____

25. *We investigate,* en español

26. %: por ____

27. La mamá le dio una ____ porque se portó mal.

31. parte de la mano

34. *to stay,* en español

35. opuesto de primero

36. Debe firmar al pie de la ____ .

38. consigue

39. Vemos con los ____

40. jubilarse

VERTICAL

1. Tiene problemas porque en su casa hay mucha tensión ____ .
2. bienes raíces: bienes ____
4. la semana próxima: la semana que ____
5. Nos bañamos en la ____
6. *unsigned:* sin ____
7. bebito
10. pero: sin ____
14. a menudo
15. Necesita un ____ para caminar.
16. calentón
18. jugar: nosotros ____
19. morado
20. Pongo el coche en el ____ .
21. unos veinte: más o ____ veinte
23. del estado
28. Es muy viejo; vive en una casa para ____ .
29. jubilación
30. La Sección ____ de Niños
32. horrible
33. Vendimos la casa y tuvimos que ____ .
34. Salta y corre todo el día. No se queda ____ .
37. El incesto es un ____ sexual.

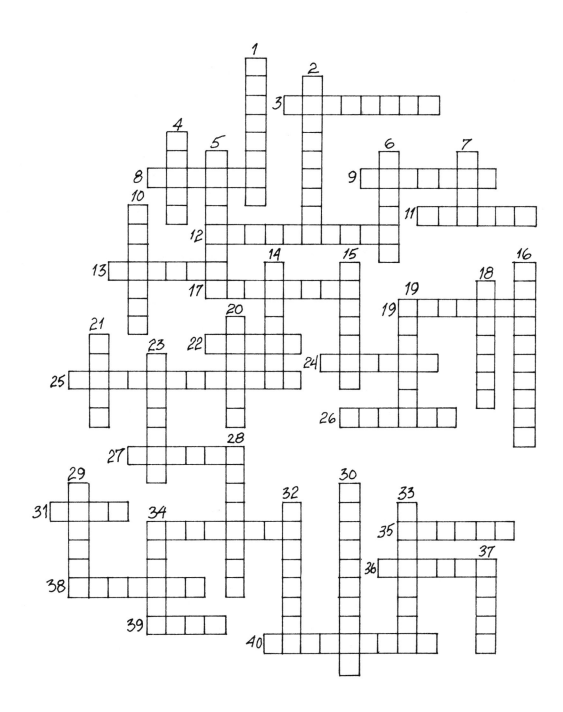

Lesson 16

En la Oficina de MEDICARE (I)

En la Oficina de MEDICARE, la señorita Alba atiende a dos personas que desean que ella les dé información sobre el programa de seguro de hospital de MEDICARE.

Con el señor Gómez

SR. GÓMEZ —Necesito que Ud. me informe si yo soy elegible para el programa de MEDICARE.

SRTA. ALBA —Cualquier persona de sesenta y cinco años o más es elegible para el programa. ¿Cuántos años tiene Ud.?

SR. GÓMEZ —Yo tengo sesenta y tres años, pero he estado recibiendo beneficios del Seguro Social por incapacidad por dos años consecutivos.

SRTA. ALBA —Entonces es elegible…

SR. GÓMEZ —Yo seguiré trabajando después de los sesenta y cinco años. ¿Podré obtener el seguro de hospital de MEDICARE si no estoy retirado?

SRTA. ALBA —Sí, Ud. tendrá esta protección a los sesenta y cinco años si ha trabajado el tiempo requerido por el Seguro Social o el Seguro Ferroviario.

SR. GÓMEZ —Yo creo que no tengo el tiempo requerido…

SRTA. ALBA —Si Ud. no ha trabajado el tiempo requerido, yo le sugiero que compre el seguro de hospital, pagando una prima básica.

SR. GÓMEZ —¿Ud. me aconseja que haga eso entonces?

SRTA. ALBA —No, no, perdón… Ud. no necesita comprar el seguro porque ha estado recibiendo beneficios del Seguro Social por incapacidad durante dos años consecutivos.

SR. GÓMEZ —Muchísimas gracias, señorita.

Con la señora Peña

SRA. PEÑA —El médico me ha dicho que tengo un tumor y tendré que operarme. Tengo que ingresar en el hospital la semana que viene. Quiero saber qué gastos cubre MEDICARE…

SRTA. ALBA —El seguro de hospital de MEDICARE paga hasta noventa días de cuidados de hospitalización.

SRA. PEÑA —Yo estaré hospitalizada por una semana más o menos, si no hay complicaciones… ¿El seguro paga el costo total?

SRTA. ALBA —Los servicios cubiertos por MEDICARE incluyen el costo de un cuarto semiprivado (dos a cuatro camas), medicinas y comida. Si necesita cuidado intensivo, también lo paga.

SRA. PEÑA —¿Entonces el seguro de hospital de MEDICARE pagaría todo…?

SRTA. ALBA —No, no paga los servicios que no son necesarios para el diagnóstico o el tratamiento de una enfermedad o lesión.

SRA. PEÑA —¿Y si necesito una transfusión?

SRTA. ALBA —El seguro no paga el costo de las tres primeras pintas de sangre. Si necesita más de tres pintas, el seguro paga el resto.

At the MEDICARE Office (I)

At the MEDICARE Office, Miss Alba takes care of two people who want her to give them information about the MEDICARE hospital insurance.

With Mr. Gomez

MR. GOMEZ: I need you to tell (inform) me if I'm eligible for the MEDICARE program.

MISS ALBA: Any person sixty-five years old or older is eligible for the program. How old are you?

MR. GOMEZ: I am sixty-three, but I have been receiving Social Security disability benefits for two consecutive years.

MISS ALBA: Then you're eligible . . .

MR. GOMEZ: I will continue to work after sixty-five. Will I be able to get MEDICARE hospital insurance if I'm not retired?

MISS ALBA: Yes, you will have this protection at sixty-five if you have worked the time required under Social Security or Railroad Insurance.

MR. GOMEZ: I think I don't have the required time . . .

MISS ALBA: If you have not worked the required time, I suggest that you buy the hospital insurance by paying a basic premium.

MR. GOMEZ: You advise that I do that, then?

MISS ALBA: No, no, excuse me . . . You don't need to buy the insurance because you have been receiving Social Security disability benefits during two consecutive years.

MR. GOMEZ: Thank you very much, miss.

With Mrs. Peña

MRS. PEÑA: The doctor has told me that I have a tumor and I will have to have surgery. I have to be admitted to the hospital next week. I want to know what expenses MEDICARE covers. . . .

MISS ALBA: The MEDICARE hospital insurance pays for up to ninety days of hospital care.

MRS. PEÑA: I will be hospitalized for a week or so, if there are no complications. . . . Does the insurance pay the total cost?

MISS ALBA: The services covered by MEDICARE include the cost of a semiprivate room (two to four beds), medicines, and food. If you need intensive care, it also pays that (it).

MRS. PEÑA: Then the MEDICARE hospital insurance would pay for everything . . .?

MISS ALBA: No, it doesn't pay for the services that are not necessary for the diagnosis or treatment of a disease or injury.

MRS. PEÑA: And if I need a blood transfusion?

MISS ALBA: The insurance doesn't pay the cost of the first three pints of blood. If you need more than three pints, the insurance pays for the rest.

VOCABULARY

COGNATES

la **complicación** complication	la **protección** protection
consecutivos(-as) consecutive	**requerido(-a)** required
el **costo** cost	**semiprivado(-a)** semiprivate
hospitalizado(-a) hospitalized	el **servicio** service
intensivo(-a) intensive	**total** total
la **pinta** pint	el **tumor** tumor

NOUNS

el **cuarto,** la **habitación**   room
el **diagnóstico**   diagnosis
la **enfermedad**   disease, sickness
la **incapacidad**   disability
la **lesión**   injury
la **prima básica**   basic premium
la **sangre**   blood
el **seguro ferroviario**   railroad insurance
la **transfusión**   blood transfusion
el **tratamiento**   treatment

VERBS

incluir[1]   to include

ingresar   to be admitted
operarse   to have surgery

ADJECTIVE

retirado(-a), jubilado(-a)   retired

OTHER WORDS AND EXPRESSIONS

cualquier(-a)   any
cuidado de hospitalización   hospital care
hasta   up to
perdón   excuse me
seguir trabajando   to continue to work

DIALOGUE RECALL PRACTICE

Study the dialogue you have just read; then complete the sentences below. If you cannot recall some words, reread the dialogue, focusing on the words you missed and learning them within the context of the sentences in which they appear.

La señorita Alba atiende al señor Gómez.

SR. GÓMEZ   —Necesito que Ud. me .... si yo soy .... para

el .... de MEDICARE.

SRTA. ALBA   —........................... persona de sesenta y cinco .... o

.... es elegible para el programa. ¿...........................

.... Ud.?

SR. GÓMEZ   —Yo .... sesenta y tres .... , pero

.... recibiendo ....

del Seguro Social por .... por dos años ....

SRTA. ALBA   —........................... es elegible...

SR. GÓMEZ   —Yo .... trabajando ....

.... los sesenta y cinco años. ¿........................... obtener

el .... de .... de MEDICARE si no estoy

.... ?

---

[1]Present indicative: **incluyo, incluyes, incluye, incluímos, incluyen**

SRTA. ALBA —Sí, Ud. .... esta .... a los sesenta y cinco

años si .... el tiempo

.... el Seguro Social o el Seguro

....

SR. GÓMEZ —Yo creo que no .... el tiempo ....

SRTA. ALBA —Si Ud. no .... el tiempo

.... yo le .... que .... el

.... hospital, ... una

....

SR. GÓMEZ —¿Ud. me .... que .... eso, entonces?

SRTA. ALBA —No, no, ... Ud. no ....

.... el seguro porque ....

.... recibiendo .... del Seguro Social

.... dos años

....

La señorita Alba atiende a la señora Peña.

SRA. PEÑA —El médico me .... que tengo un

.... y .... que ....

Tengo que .... en el hospital la semana ....

.... Quiero .... qué gastos

.... MEDICARE...

SRTA. ALBA —El .... de .... de MEDICARE paga

.... noventa días de .... de

....

SRA. PEÑA —Yo .... por una semana más o menos, si

no .... ¿El seguro paga el

.... ?

SRTA. ALBA —Los .... por MEDICARE

.... el .... de un ....

.... (dos a cuatro ....), medicinas y comida.

Si necesita .... , también lo

....

SRA. PEÑA —¿.................................. el seguro de .... de MEDICARE

.... ?

SRTA. ALBA —No, no paga los .... que no son .... para el

.... o el .... de una .... o

....

SRA. PEÑA —¿Y si necesito una .... ?

SRTA. ALBA —El seguro no paga el .... de las tres ....

.... de .... Si necesita más de tres

.... , el seguro .... el

....

LET'S PRACTICE!

A. Complete the following verb chart in the subjunctive mood.

INFINITIVO	YO	TÚ	UD., ÉL, ELLA	NOSOTROS	UDS., ELLOS, ELLAS
operar					
	coma				
		vivas			
			cierre		
				durmamos	
					pidan
dar					
	esté				
		digas			
			sepa		
				vayamos	
					sean

B. Rewrite the following sentences, beginning each one with a cue on the line below.

Modelo: Yo vengo temprano.

Quieren que ....

Quieren que yo *venga* temprano.

1. Él paga la prima básica.

   Queremos que ....

2. Le hacen una transfusión de sangre.

   Necesita que ....

3. No trabaja después de la operación.

   El médico le aconseja que ....

4. Ella ingresa en el hospital del condado.

   Yo le sugiero que ....

5. Le ponen dos pintas de sangre.

   Necesita que ....

6. Ellos van al doctor y reciben tratamiento.

   Yo les aconsejo que ....

7. Me hablas de todas las complicaciones.

   No quiero que ....

8. Ud. le dice que el seguro incluye el costo de un cuarto semiprivado.

   Yo le sugiero que ....

9. Ellos les informan que pueden recibir beneficios por incapacidad.

   Deseamos que ....

10. Uds. me dan la información.

    Necesito que ....

QUESTION-ANSWER EXERCISES

A. Answer the following questions in complete sentences.

1. ¿Qué desean las dos personas que haga la Srta. Alba?

   ....

2. ¿Qué desea saber el señor Gómez?

   ....

3. ¿Qué personas son elegibles para recibir MEDICARE?

....

4. ¿Cuántos años tiene el señor Gómez?

....

5. El señor Gómez no tiene 65 años y sin embargo puede recibir beneficios.   ¿Por qué?

....

6. ¿Necesita el señor Gómez comprar el seguro de hospital?   ¿Por qué?

....

7. ¿Qué le ha dicho el médico a la señora Peña?

....

8. ¿Dónde tiene que ingresar la señora Peña y cuándo debe ingresar?

....

9. ¿Qué quiere saber la señora Peña?

....

10. ¿Cuánto tiempo de cuidado de hospitalización paga el seguro de hospital de

    MEDICARE? ....

11. ¿Por cuánto tiempo va a estar hospitalizada la señora Peña?

....

12. ¿Qué servicios están cubiertos por MEDICARE?

....

13. ¿Cuántas camas hay en un cuarto semiprivado?

....

14. ¿Qué servicios no paga el MEDICARE?

....

15. Si la señora Peña necesita una transfusión, ¿paga el MEDICARE el costo de todas las

    pintas de sangre? ....

....

B.   And now, answer these personal questions.

1. ¿Ha estudiado Ud. español por más de cinco meses consecutivos?

   ....

2. ¿Ha trabajado Ud. el tiempo requerido por el Seguro Social para obtener el seguro de hospital de MEDICARE?

   ....

3. ¿Ha tenido Ud. que operarse alguna vez?

   ....

4. Si Ud. tiene que ingresar en un hospital, ¿quién va a pagar los cuidados de hospitalización?

   ....

5. ¿Tiene Ud. seguro médico?   ¿Con qué compañía?

   ....

6. ¿Ha necesitado Ud. una transfusión de sangre alguna vez?

   ....

7. Necesito información sobre MEDICARE.   ¿Qué me aconseja Ud. que haga?

   ....

8. Yo no he trabajado el tiempo requerido por el Seguro Social, pero me gustaría tener seguro de hospital.   ¿Qué me aconseja Ud.?

   ....

DIALOGUE COMPLETION

Use your imagination and the vocabulary learned in this lesson to complete the missing parts of this dialogue.

El señor Torres le pide a la señora Cruz, empleada de la oficina de MEDICARE, información sobre el seguro de hospital.

SRA. CRUZ   —..

SR. TORRES   —Señora, mi esposa debe ingresar en el hospital mañana y deseo información sobre el seguro médico.

SRA. CRUZ   —..

SR. TORRES   —Deseo saber qué gastos cubre el seguro de MEDICARE.

SRA. CRUZ   —..

SR. TORRES   —Mi esposa va a estar hospitalizada un mes por lo menos.   ¿Paga el seguro por todo ese tiempo?

SRA. CRUZ   — ....

SR. TORRES   —Mi esposa desea tener un cuarto para ella sola, ¿paga el seguro el costo del cuarto?

SRA. CRUZ   — ....

SR. TORRES   —¿Solamente paga por un cuarto semiprivado? ¿Paga las medicinas?

SRA. CRUZ   — ....

SR. TORRES   —Otra cosa, mi esposa va a operarse de un tumor y va a necesitar cuidados intensi-
vos. ¿Cubre esto el seguro de MEDICARE?

SRA. CRUZ   — ....

SR. TORRES   —Si mi esposa necesita una transfusión, ¿tengo yo que pagar la sangre?

SRA. CRUZ   — ....

SR. TORRES   —Entonces, ¿el seguro lo paga todo?

SRA. CRUZ   — ....

SR. TORRES   —Muy bien, muchas gracias por la información.

SITUATIONAL EXERCISES

What would you say in the following situations?

1. You work at the MEDICARE Office. You are talking with a Mr. Valles and explaining to him how the program works. Give him the following information: (a) any person sixty-five or over is eligible for the program; (b) he will be able to obtain MEDICARE hospital insurance if he has worked during the required time under Social Security or Railroad Insurance; (c) a person who has not worked during the required time can buy hospital insurance (by) paying a basic premium.
2. You are at the MEDICARE Office talking with one of the social workers. Obtain answers to the following questions: (a) What expenses does MEDICARE cover? (b) Does MEDICARE pay the total cost of hospitalization? (c) What happens if you need a blood transfusion?
3. You work at the MEDICARE Office. Provide the following information to the person with whom you are talking: (a) MEDICARE hospital insurance pays up to ninety days of hospital care; (b) MEDICARE pays for a semi-private room, medicine, meals, and, if needed, intensive care; (c) MEDICARE does not pay services that are not necessary for the diagnosis or treatment of an illness or injury; (d) MEDICARE does not pay the cost of the first three pints of blood.

YOU'RE ON YOUR OWN!

Act out the following situation with a partner.

A MEDICARE worker is explaining eligibility requirements to a client and what expenses are (are not) covered by MEDICARE.

VOCABULARY EXPANSION

la **ambulancia**   ambulance
el **análisis**   test
el, la **beneficiario(-a)**   beneficiary
dar de alta   to discharge (*from the hospital*)
el, la **especialista**   specialist
la **farmacia**   pharmacy

los **gastos funerarios**   funeral expenses
el, la **paciente externo(-a)**   outpatient
el, la **paciente interno(-a)**   inpatient
el, la **paramédico(-a)**   paramedic
el, la **superviviente**   survivor

Complete the following sentences using the new words and expressions presented in the Vocabulary Expansion.

1. Ya no está en el hospital. Le dieron .... ayer.

2. Necesito un .... de sangre.

3. No tienes que pagar por los servicios de los .... ; son gratis.

4. Compré las medicinas en la ....

5. Cuando murió su esposo, ella tuvo que pagar todos los ....

6. Murieron todos. No hubo ningún ....

7. Me duele la garganta. Voy a ver a un ....

8. No es un paciente interno. Es un ....

9. Hubo un accidente. Llamen una ....

10. Dejó mucho dinero. Los .... son sus hijos.

Lesson 17

En la Oficina de MEDICARE (II)

Al día siguiente, la señorita Alba habla con la señora Ramos y contesta varias preguntas sobre el seguro médico de MEDICARE.

SRTA. ALBA	—¿En qué puedo servirle, señora?
SRA. RAMOS	—Hace mucho tiempo que mi esposo está enfermo y tenemos muchas cuentas. ¿El seguro médico de MEDICARE las paga todas?
SRTA. ALBA	—Como Ud. sabe, los primeros sesenta dólares son deducibles.
SRA. RAMOS	—¿Eso quiere decir que nosotros tenemos que pagar los primeros sesenta dólares?
SRTA. ALBA	—Sí, y el seguro médico pagará el 80 por ciento de todos los demás servicios que Uds. reciben durante el año.
SRA. RAMOS	—Puede ser que mi esposo tenga que ingresar en el hospital…
SRTA. ALBA	—En ese caso el seguro médico paga todos los gastos médicos y los servicios de radiografía.
SRA. RAMOS	—¿Es necesario que nosotros paguemos los primeros sesenta dólares?
SRTA. ALBA	—En este caso no.
SRA. RAMOS	—Creo que yo voy a necesitar un quiropráctico, porque últimamente he tenido muchos problemas con la espalda.
SRTA. ALBA	—Bueno, por servicios de terapia física independiente, los pagos están limitados a ochenta dólares anuales.
SRA. RAMOS	—El médico me dijo que necesitaba zapatos ortopédicos y además necesito anteojos nuevos. Espero que el MEDICARE pague todos estos gastos…
SRTA. ALBA	—No, no los paga. Aquí tengo una lista de las cosas que el seguro médico no cubre.
SRA. RAMOS	—¿Puede darme una copia? Es mejor que mi esposo la lea.
SRTA. ALBA	—Aquí la tiene.

Gastos que no están cubiertos por el seguro médico de MEDICARE

1. Servicios o accesorios que no son necesarios para el diagnóstico o tratamiento de una enfermedad o lesión.
2. Exámenes físicos de rutina y exámenes de laboratorio directamente relacionados con esos exámenes.
3. Medicinas recetadas por el médico.
4. Anteojos o lentes de contacto y exámenes de la vista para recetarlos.
5. Audífonos y exámenes del oído para recetarlos.
6. Dentaduras postizas y cuidado dental de rutina.
7. Servicios de quehaceres del hogar y comidas entregadas a domicilio.
8. Los servicios de una enfermera en el hogar.
9. Zapatos ortopédicos.
10. Artículos de conveniencia personal.
11. Las primeras tres pintas de sangre recibidas en un año.

∗　∗　∗

At the MEDICARE Office

On the following day, Miss Alba talks with Mrs. Ramos and answers several questions about the MEDICARE medical insurance.

MISS ALBA:	What can I do for you, ma'am?
MRS. RAMOS:	My husband has been sick for a long time, and we have many bills. Does the MEDICARE medical insurance pay them all?
MISS ALBA:	As you know, the first $60 are deductible.
MRS. RAMOS:	Does that mean that we have to pay the first $60?
MISS ALBA:	Yes, and the medical insurance will pay 80 percent of all the other services that you receive during the year.
MRS. RAMOS:	It may be that my husband will have to be admitted to the hospital. . . .
MISS ALBA:	In that case the medical insurance pays all the medical expenses and X-ray services.
MRS. RAMOS:	Is it necessary that we pay the first $60?
MISS ALBA:	In this case, no.
MRS. RAMOS:	I think I'm going to need a chiropractor, because lately I have had a lot of problems with my back.
MISS ALBA:	Well, for independent physical therapy services, the payments are limited to $80 a year.
MRS. RAMOS:	The doctor told me I needed orthopedic shoes, and besides, I need new glasses. I hope MEDICARE pays all those expenses. . . .
MISS ALBA:	No, it doesn't pay them. I have here a list of the things that medical insurance doesn't cover.
MRS. RAMOS:	Can you give me a copy? It's better that my husband read it.
MISS ALBA:	Here it is.

**Expenses that are not covered by
the MEDICARE medical insurance**

1. Services or accessories that are not necessary for the diagnosis or treatment of a disease or injury.
2. Routine physical examinations and laboratory examinations directly related to these examinations.
3. Medicines prescribed by the doctor.
4. Glasses or contact lenses and eye examinations to prescribe them.
5. Hearing aids and ear examinations to prescribe them.
6. Dentures and routine dental care.
7. Housekeeping services and meals delivered to the home.
8. Nursing services in the home.
9. Orthopedic shoes.
10. Articles for personal convenience.
11. The first three pints of blood received in a year.

VOCABULARY

COGNATES

el **artículo**	article	la **lista**	list
la **conveniencia**	convenience	**ortopédico(-a)**	orthopedic
dental	dental	**personal**	personal
limitado(-a)	limited	el, la **quiropráctico(-a)**	chiropractor

---

160

NOUNS

los **anteojos,** las **gafas,** los **lentes,** los **espejuelos** eyeglasses
el **audífono** hearing aid
la **dentadura postiza** dentures
el **examen** examination
el **hogar** home
los **lentes de contacto** contact lenses
el **oído** ear
los **quehaceres del hogar** housework, housekeeping
la **radiografía** X-ray
la **terapia física** physical therapy
la **vista** sight

VERBS

entregar to deliver

ADJECTIVES

anual yearly

deducible deductible
físico(-a) physical
relacionado(-a) related
varios(-as) several

OTHER WORDS AND EXPRESSIONS

al día siguiente on the following day
como as
de rutina routine
¿en qué puedo servirle? what can I do for you?
examen de la vista eye examination
los (las) **demás** the others
por ejemplo for example
querer decir, significar to mean
últimamente lately

DIALOGUE RECALL PRACTICE

Study the dialogue you have just read; then complete the sentences below. If you cannot recall some words, reread the dialogue, focusing on the words you missed and learning them within the context of the sentences in which they appear.

La señorita Alba habla con la señora Ramos sobre el seguro médico de MEDICARE.

SRTA. ALBA —¿En qué .... , señora?

SRA. RAMOS —Hace mucho tiempo que ....

.... enfermo y tenemos ....

.... ¿El .... de

MEDICARE las .... todas?

SRTA. ALBA —............................ Ud. sabe, los .... sesenta dólares son

....

SRA. RAMOS —¿Eso .... que nosotros

.... los primeros

sesenta dólares?

SRTA. ALBA —Sí, y el .... pagará el 80

.... de todos los ....

servicios que Uds. reciben .... el año.

SRA. RAMOS —...................................... .... que mi esposo

.... que .... en el hospital...

SRTA. ALBA —En ese caso el .... paga todos los

.... médicos y los servicios de ....

SRA. RAMOS —¿Es necesario que nosotros .... los ....

sesenta dólares?

SRTA. ALBA —En .... no.

SRA. RAMOS —Creo que yo ....

un .... , porque .... he tenido

.... con la ....

SRTA. ALBA —Bueno, por servicios de ....

independiente, los pagos están .... a ochenta dólares anuales.

SRA. RAMOS —El médico me .... que necesitaba ....

.... y además necesito .... nuevos. Espero

que el MEDICARE .... todos ....

....

SRTA. ALBA —No, no .... Aquí tengo una

.... de las .... que el ....

.... no cubre.

SRA. RAMOS —¿Puede .... una .... ? Es

.... que mi esposo ....

....

SRTA. ALBA —Aquí ....

LET'S PRACTICE!

A. **Rewrite the following sentences beginning each one with the cue on the line below.**

Modelo: Él no necesita comprar un audífono.
    Espero que él no necesite comprar un audífono.

1. Ellos necesitan anteojos.

Temo ....

2. Él no tiene dentadura postiza.

Me alegro de que ....

3. Los primeros sesenta dólares son deducibles.

Espero que ....

4. Usted tiene problemas con la espalda.

Siento que ....

5. Rosa y Carmen van al quiropráctico.

Espero que ....

6. El pago del seguro es anual.

Se alegran de que ....

7. Nos hacemos un examen de la vista.

Mamá espera que ....

8. Te hacen una radiografía.

Se alegra de que ....

9. No pagan los servicios de quehaceres del hogar directamente.

Sentimos ....

10. Necesitan zapatos ortopédicos.

Tememos que ....

B. Rewrite each of the following sentences in the subjunctive mood, with the impersonal expression provided.

Modelo: Ellos usan espejuelos. *Es importante…*
   Es importante *que ellos* ***usen*** *espejuelos.*

1. El seguro médico paga esos servicios y esos accesorios.

Es difícil ....

2. Puede entregarle la lista de los artículos ahora.

Es imposible ....

3. Necesitamos servicios de terapia física independiente.

Puede ser ....

4. Hacen los exámenes físicos de rutina aquí.

Ojalá ....

5. Tienes que ingresar en el hospital.

   Es lástima ....

6. Los pagos están limitados a ochenta dólares.

   Es necesario ....

QUESTION-ANSWER EXERCISES

A. Answer the following questions in complete sentences.

1. ¿Con quién habla la señorita Alba al día siguiente?

   ....

2. ¿Quién está enfermo?

   ....

3. ¿Quién debe pagar los primeros sesenta dólares de los gastos médicos?

   ....

4. ¿Qué por ciento de los demás servicios paga el seguro médico de MEDICARE?

   ....

5. ¿Qué problemas tiene el señor Ramos?

   ....

6. Si el señor Ramos tiene que ingresar en el hospital, ¿qué por ciento de sus gastos paga el seguro médico?

   ....

7. ¿Paga el seguro los servicios de radiografía?

   ....

8. ¿A quién va a necesitar ver la señora Ramos? ¿Por qué?

   ....

9. ¿A cuánto están limitados los pagos por servicios de terapia física independiente?

   ....

10. ¿Qué cosas necesita la señora Ramos?

   ....

11. ¿Paga el MEDICARE por los lentes?

....

12. ¿Qué le da la señorita Alba a la señora Ramos?

....

13. ¿Por qué quiere la señora Ramos que la señorita Alba le dé la lista?

....

14. ¿Paga el seguro médico por los artículos de conveniencia personal?

....

15. Si el señor Ramos necesita los servicios de una enfermera en el hogar, ¿tiene que pagarlos él o los paga el seguro?

....

B. And now, answer these personal questions.

1. ¿Necesita Ud. usar gafas para leer?

....

2. ¿Oye Ud. bien o necesita usar un audífono?

....

3. ¿Se ha hecho Ud. un examen físico últimamente?

....

4. ¿Usa Ud. o alguien de su familia zapatos ortopédicos?

....

5. ¿Tiene Ud. muchas cuentas?

....

6. ¿Tiene Ud. seguro médico?

....

7. ¿Paga su seguro todos los gastos médicos?

....

8. ¿Tiene Ud. seguro dental? ¿Con qué compañía?

....

DIALOGUE COMPLETION

Use your imagination and the vocabulary learned in this lesson to complete the missing parts of this dialogue.

En la oficina de MEDICARE el señor Ortiz habla con la señora Vega.

SRA. VEGA —¿En qué puedo servirle, señor?

SR. ORTIZ —..

SRA. VEGA —¿Cuánto tiempo hace que su esposa está enferma?

SR. ORTIZ —..

SRA. VEGA —¿Necesita ella ingresar en el hospital?

SR. ORTIZ —..

SRA. VEGA —Si tiene un tumor y necesita operarse, el seguro paga todos los gastos médicos.

SR. ORTIZ —..

SRA. VEGA —Sí, también paga los gastos de radiografías.

SR. ORTIZ —..

SRA. VEGA —No, si necesita los cuidados de una enfermera en el hogar, el seguro médico no cubre ese gasto.

SR. ORTIZ —..

SRA. VEGA —Si Ud. necesita un examen del oído, debe pagarlo Ud. El seguro no paga por eso tampoco.

SR. ORTIZ —..

SRA. VEGA —Lo siento, Sr. Ortiz, pero tampoco el seguro paga por las dentaduras postizas.

SR. ORTIZ —..

SRA. VEGA —Sí, señor. Hay una lista de las cosas que el seguro no cubre.

SR. ORTIZ —..

SRA. VEGA —Sí, cómo no, puedo darle una copia. Aquí la tiene.

SR. ORTIZ —..

SRA. VEGA —De nada, señor Ortiz.

SITUATIONAL EXERCISES

What would you say in the following situations?

1. You work for the MEDICARE Office. Provide the following information: (a) the first $60 are deductible; (b) medical insurance will pay 80 percent of all other services received during the year; (c) if a person has to be hospitalized, medical insurance pays all the medical expenses and X-ray services; (d) for independent physical therapy services, payments are limited to $80 a year.

2. Ask a MEDICARE office worker the following questions: (a) Does the patient have to pay the first $60? (b) Does MEDICARE pay for the services of a chiropractor? (c) Does MEDICARE pay for orthopedic shoes and glasses? (d) Does MEDICARE pay for routine physical checkups? (e) Does MEDICARE pay for medicines prescribed by the doctor? (f) Does MEDICARE pay for hearing aids or dentures? (g) Does MEDICARE pay for nursing care in the home?

YOU'RE ON YOUR OWN!

Act out the following situation with a partner.

A MEDICARE worker is answering a client's questions about MEDICARE medical insurance.

VOCABULARY EXPANSION

PERTAINING TO HEALTH PROBLEMS

el **ataque al corazón**   heart attack
la **bronquitis**   bronchitis
los **cálculos**   stones
  —**en la vejiga**   bladder stones
  —**en la vesícula**   gallstones
las **cataratas**   cataracts
el **catarro, resfrío**   cold
la **colitis**   colitis

el **derrame cerebral**   stroke
la **diabetes**   diabetes
la **diarrea**   diarrhea
la **gripe**   influenza, flu
la **hipertensión,** la **presión alta**   hypertension, high blood pressure
la **pulmonía, pneumonía**   pneumonia
el **reumatismo**   rheumatism

Complete the following sentences, using the new words and expressions presented in the Vocabulary Expansion.

1. Tiene cálculos en la ....

2. No puede ver bien; tiene ....

3. No murió de un derrame .... Murió de un ataque al ....

4. Necesita insulina. Tiene ....

5. No es artritis. Es ....

6. Tiene la presión alta; tiene ....

7. Necesita Kaopectate porque tiene ....

8. No tengo catarro ni bronquitis. Es peor, tengo ....

9. La .... es una inflamación del colon.

10. Debe acostarse, tomar mucho líquido y dormir mucho porque tiene ....

Lesson 18

Resolviendo problemas

La señorita Miño, trabajadora social, ayuda a dos clientes que tienen diferentes problemas.

Con Eva Torales, una adolescente

EVA	—¡Qué suerte que vino hoy! Tengo que preguntarle algo pero… me da vergüenza…
SRTA. MIÑO	—No te preocupes, Eva. Yo estoy aquí para ayudarte. Cuéntame qué te pasa.
EVA	—No hay nadie que pueda ayudarme… Tuve relaciones sexuales con Carlitos, mi novio, y creo que estoy enferma.
SRTA. MIÑO	—¿El muchacho no usó condón cuando tuvieron contacto sexual?
EVA	—No, porque yo estoy tomando la pastilla.
SRTA. MIÑO	—Qué lastima, porque el uso del condón ayuda a evitar las enfermedades venéreas como la gonorrea y la sífilis…
EVA	—Dudo que sea sífilis… pero tengo miedo.
SRTA. MIÑO	—No te arriesgues. Ve al Departamento de Sanidad para que te examinen.
EVA	—Pero mis padres no saben nada. ¡Me van a matar!
SRTA. MIÑO	—Tú no necesitas permiso de tus padres para que te revisen, pero yo te aconsejo que hables con ellos. Estoy segura de que ellos te van a ayudar.
EVA	—No creo que me ayuden, porque ellos me prohibieron ver a Carlitos. Él a veces toma drogas, y ellos dicen que es drogadicto.
SRTA. MIÑO	—Ve al Departamento de Sanidad y dile a tu novio que vaya también. Uds. pueden infectar a otras personas.

Con la señora Ríos, que tiene un esposo alcohólico

SRA. RÍOS	—Estoy muy preocupada porque mi esposo faltó al trabajo otra vez y temo que lo despidan.
SRTA. MIÑO	—¿Sigue tomando mucho?
SRA. RÍOS	—Sí, se emborracha todos los fines de semana y a veces entre semana…
SRTA. MIÑO	—¿Hay alguien que pueda ayudarlo con ese problema? ¿El cura de su parroquia, por ejemplo?
SRA. RÍOS	—Sí, el padre Francisco trató de hablarle, pero mi marido dice que no perjudica a nadie y que lo dejen tranquilo.
SRTA. MIÑO	—¿Le ha pegado él a Ud. alguna vez por culpa de la bebida?
SRA. RÍOS	—Sí, muchas veces… Siempre promete que va a dejar de beber, pero siempre rompe su promesa.
SRTA. MIÑO	—¿Ha tenido alguna vez un accidente o algún problema con la policía?
SRA. RÍOS	—No, no ha tenido ningún accidente hasta ahora, pero la semana pasada un policía lo detuvo por manejar estando borracho y pasó la noche en la cárcel.
SRTA. MIÑO	—Hay muchas organizaciones que pueden ayudarlos a él y a Ud., entre ellas los capítulos de Alcohólicos Anónimos y Al-Anon.
SRA. RÍOS	—¿Cómo puedo ponerme en contacto con esas organizaciones?
SRTA. MIÑO	—Los números de teléfono de Alcohólicos Anónimos y otras organizaciones aparecen en las páginas amarillas de la guía telefónica.

＊　　＊　　＊

Solving Problems

Miss Miño, a social worker, helps two clients who have different problems.

With Eve Torales, a teenager

EVE: How fortunate that you came today! I have to ask you something. . . . but I'm embarrassed. . . .

MISS MIÑO: Don't worry, Eve. I'm here to help you. Tell me what's the matter (with you).

EVE: There's no one who can help me . . . I had sexual relations with Charlie, my boyfriend, and I think I'm sick.

MISS MIÑO: Didn't the young man use (a) condom when you had sexual contact?

EVE: No, because I'm taking the pill.

MISS MIÑO: That's too bad, because the use of a condom helps to avoid venereal diseases like gonorrhea and syphilis. . . .

EVE: I doubt that it's syphilis . . . but I'm afraid.

MISS MIÑO: Don't take chances. Go to the Health Department so that they can examine you.

EVE: But my parents don't know anything. They are going to kill me!

MISS MIÑO: You don't need your parents' permission to be examined, but I advise you to speak with them. I'm sure that they are going to help you.

EVE: I don't think they'll help me, because they forbade me to see Charlie. He sometimes takes drugs and they say he is a drug addict.

MISS MIÑO: Go to the Health Department and tell your boyfriend to go too. You may infect other people.

With Mrs. Rios, who has an alcoholic husband

MRS. RIOS: I'm very worried because my husband didn't go to work again, and I'm afraid they'll fire him.

MISS MIÑO: Does he continue to drink a lot?

MRS. RIOS: Yes, he gets drunk every weekend and sometimes during tne week. . . .

MISS MIÑO: Is there anyone who can help him with that problem? Your parish priest, for instance?

MRS. RIOS: Yes, Father Francisco tried to speak to him, but my husband says he's not hurting anyone and that he wants to be left alone.

MISS MIÑO: Has he ever hit you because of the drinking?

MRS. RIOS: Yes, many times. . . . He always promises that he's going to stop drinking, but he always breaks his promise.

MISS MIÑO: Has he ever had an accident or any problem with the police?

MRS. RIOS: No, he hasn't had an accident so far, but last week a policeman stopped him for driving under the influence of alcohol, and he spent the night in jail.

MISS MIÑO: There are many organizations that can help (both) him and you, among them the chapters of Alcoholics Anonymous and Al-Anon.

MRS. RIOS: How can I get in touch with those organizations?

MISS MIÑO: The phone numbers of Alcoholics Anonymous and other organizations appear in the yellow pages of the phone book.

VOCABULARY

COGNATES

el **accidente** accident	la **organización** organization
Alcohólicos Anónimos Alcoholics Anonymous	la **promesa** promise
el, la **cliente** client	la **relación** relation
el **condón** condom	**sexual** sexual
el **contacto** contact	la **sífilis** syphilis
diferente different	el **uso** use
la **droga** drug	**venéreo(-a)** venereal
la **gonorrea** gonorrhea	

NOUNS

el, la **adolescente**   teen-ager
el **capítulo**   chapter
el **cura, sacerdote, padre**   (Catholic) priest
el **Departamento de Sanidad**   Health
   Department
el, la **drogadicto(-a)**   drug addict
la **guía telefónica**   telephone book
el, la **novio(-a)**   boyfriend, girl friend
la **parroquia**   parish
la **pastilla,** la **píldora**   pill

VERBS

aparecer   to appear
arriesgarse   to take chances, to take a risk
contar (o:ue)   to tell
despedir (e:i)   to fire
detener (*conj. like* **tener**)   to stop
emborracharse   to get drunk
evitar   to avoid
infectar   to infect
matar   to kill
pasar   to spend (*time*)
perjudicar   to hurt, to cause damage
preocuparse   to worry

prohibir   to forbid, to prohibit
prometer   to promise
resolver (o:ue)   to solve
revisar, examinar   to examine, to check
tratar (de)   to try

ADJECTIVES

borracho(-a)   drunk
preocupado(-a)   worried

OTHER WORDS AND EXPRESSIONS

alguna vez   ever
darle vergüenza a uno   to be embarrassed
dejar tranquilo (a alguien)   to leave (someone) alone
entre semana   during the week
faltar a   not to go, to miss
ponerse en contacto   to get in touch
por culpa de   because of
por manejar estando borracho   for driving
   under the influence of alcohol
qué lástima   what a pity, too bad
qué suerte   how fortunate, it's a good thing,
   what luck

DIALOGUE RECALL PRACTICE

Study the dialogue you have just read; then complete the sentences below. If you cannot recall some words, reread the dialogue, focusing on the words you missed and learning them within the context of the sentences in which they appear.

La señorita Miño ayuda a Eva Torales, una adolescente.

EVA   —¡........................ .... que vino hoy! Tengo que

              .... algo pero... ....

              ....

SRTA. MIÑO   —No .... , Eva. Yo estoy aquí

              .... ayudarte. .... qué

              ....

EVA   —No hay nadie que ....

              Tuve .... con Carlitos, mi

              .... , y creo que ....

SRTA. MIÑO —¿El muchacho no .... cuando tuvieron

.... ?

EVA —No, porque yo .... tomando la ....

SRTA. MIÑO —................................ .... , porque el ....

del .... ayuda a .... las enfermedades

.... como la .... y la ....

EVA —Dudo que .... pero tengo

....

SRTA. MIÑO —No ....

al Departamento de .... para que te ....

EVA —Pero mis padres ....

.... ¡Me van a .... !

SRTA. MIÑO —Tú no necesitas .... de tus padres para que te

.... , pero yo te aconsejo que .... con ellos.

Estoy segura de que ellos te ....

....

EVA —No creo que me .... , porque ellos me .... ver

a Carlitos. Él .... toma

.... , y ellos dicen que es ....

SRTA. MIÑO —........................ al Departamento de .... y

.... a tu .... que ....

también. Uds. pueden .... a otras ....

La señorita Miño ayuda a la señora Ríos, que tiene un esposo alcohólico.

SRA. RÍOS —Estoy muy .... porque mi esposo ....

.... trabajo otra vez y temo que lo ....

SRTA. MIÑO —¿Sigue .... ?

SRA. RÍOS —Sí, ... todos los ....

de .... y a veces ....

SRTA. MIÑO —¿Hay .... que .... ayudarlo con ese

problema? ¿El .... de su .... , por ejemplo?

SRA. RÍOS —Sí, el .... Francisco ....

.... hablarle, pero mi .... dice que no

.... a nadie y que lo ....

....

SRTA. MIÑO —¿Le ha .... él a Ud. alguna vez ....

.... la bebida?

SRA. RÍOS —Sí, ... Siempre

.... que va a ....

beber, pero siempre rompe su ....

SRTA. MIÑO —¿Ha tenido .... un

.... o algún problema con la .... ?

SRA. RÍOS —No, no .... ningún accidente

.... , pero la ....

.... un policía lo .... por manejar

.... y .... la noche en

la ....

SRTA. MIÑO —Hay muchas .... que pueden ayudarlos a él y a Ud.,

.... ellas los .... de Alcohólicos

.... y Al-Anon.

SRA. RÍOS —¿Cómo puedo .... en .... con esas

.... ?

SRTA. MIÑO —Los números de .... de ....

.... y otras organizaciones .... en las

.... amarillas de la ....

....

LET'S PRACTICE!

A. **Rewrite each of these sentences making any changes required by the cue.**

    1. Dudo que Ud. tenga las drogas aquí.

       Creo ....

2. Estoy segura de que tú tienes muchos clientes.

   No estoy segura ....

3. Creo que el uso del condón ayuda a controlar las enfermedades venéreas.

   No creo ....

4. No es verdad que ellos se emborrachen y falten al trabajo.

   Es verdad ....

5. Necesitamos un traductor que traduzca los informes para nuestros clientes.

   Tenemos ....

6. Busco un cura que me aconseje.

   Hay ....

7. Aquí hay alguien que puede revisarla.

   Aquí no hay nadie ....

8. Es cierto que nosotros somos alcohólicos.

   No es cierto ....

9. Pienso que pueden despedir a mi hijo.

   No pienso ....

10. Conozco a un señor que se emborracha entre semana.

   No conozco a nadie ....

B. Change the following commands to the *tú* form.

Modelo: Doña Ana, no rompa sus promesas.
         *Anita, no **rompas** tus promesas.*

1. Señora, no me lo cuente ahora.

   Pepe, ...

2. Don Pedro, no le prohiba salir.

   Rosa, ...

3. Señorita, dígaselo a su novio.

   María, ...

4. Señores, vayan a la parroquia ahora mismo.

   Carlitos, ...

5. Póngaselo ahora, doña Carmen.

   ...., Rita.

174

6. Haga su trabajo, don José.

...., Elena.

7. No lo despida hoy, señor Fernández.

...., Raúl.

8. Prométamelo, señora Rodríguez.

...., Eva.

QUESTION-ANSWER EXERCISE

A. Answer the following questions in complete sentences.

1. ¿A quién ayuda la señora Miño?

....

2. ¿Qué le da vergüenza a Eva?

....

3. ¿Con quién tuvo Eva relaciones sexuales?

....

4. ¿Qué cree Eva?

....

5. ¿Qué está tomando Eva?

....

6. ¿Qué ayuda a evitar el uso del condón?

....

7. ¿Para qué debe ir Eva al Departamento de Sanidad?

....

8. Según Eva, ¿qué van a hacer sus padres?

....

9. Eva es una adolescente. ¿Necesita permiso de sus padres para que el médico la examine?

....

10. Los padres de Eva le prohibieron ver a Carlitos. ¿Por qué?

....

11. ¿Quiénes pueden infectar a otras personas?

    ....

12. ¿Por qué está preocupada la señora Ríos?

    ....

13. ¿Qué teme la señora Ríos?

    ....

14. ¿Cuándo se emborracha el señor Ríos?

    ....

15. ¿Quién trató de hablar con el señor Ríos?

    ....

16. ¿Quién dice que no perjudica a nadie?

    ....

17. ¿Qué hace el señor Ríos por culpa de la bebida?

    ....

18. ¿Qué promete el señor Ríos?   ¿Rompe sus promesas?

    ....

19. ¿Quién detuvo al señor Ríos por manejar estando borracho?

    ....

20. ¿Dónde pasó la noche el señor Ríos?

    ....

21. ¿Qué organizaciones pueden ayudar al señor Ríos y a su esposa?

    ....

22. ¿Qué aparece en las páginas amarillas de la guía telefónica?

    ....

B. And now, answer these personal questions.

   1. ¿Conoce Ud. a alguna persona que tome drogas?

    ....

   2. ¿Qué es un(a) drogadicto(a)?

    ....

3. ¿Falta Ud. muchas veces al trabajo (a clase)?

   ....

4. ¿Está Ud. preocupado(a) por los exámenes de español?

   ....

5. Si Ud. Tiene un problema, ¿habla con un sacerdote o consejero familiar?

   ....

6. Si Ud. hace una promesa, ¿la rompe?

   ....

7. ¿Ha tenido Ud. un accidente alguna vez?

   ....

8. Si Ud. tiene un amigo que es alcohólico, ¿con qué organización le aconseja que se ponga en contacto?

   ....

DIALOGUE COMPLETION

Use your imagination and the vocabulary learned in this lesson to complete the missing parts of this dialogue.

La señora Vega habla con el señor García, consejero familiar.

SRA. VEGA —Estoy muy preocupada; tengo muchos problemas en mi casa, señor García.

SR. GARCÍA —..

SRA. VEGA —Mi esposo siempre está borracho.

SR. GARCÍA —..

SRA. VEGA —No, no hay nadie que pueda ayudarlo. Él no quiere hablar con nadie; dice que lo dejen tranquilo.

SR. GARCÍA —..

SRA. VEGA —No, a mí no me ha pegado, pero les pega mucho a los niños.

SR. GARCÍA —..

SRA. VEGA —Sí, la semana pasada tuvo un accidente. ¿Hay alguien que pueda ayudarme?

SR. GARCÍA —..

SRA. VEGA —¿Cómo puedo ponerme en contacto con una de esas organizaciones?

SR. GARCÍA —..

SRA. VEGA —Muchas gracias por todo, señor García.

SITUATIONAL EXERCISES

What would you say in the following situations?

1. You are a social worker. You are talking to Mariana, a teen-ager who thinks that she may have venereal disease. Tell her not to take a chance and advise her to go to the Health Department to be checked. Tell her that she does not need her parents' permission to be checked. Finally, encourage her to tell her partner or boyfriend to go to the Health Department also, because both of them can infect other people.

2. You are talking to a social worker about a close friend who is an alcoholic. Tell him or her the following: (a) that you are worried about your friend because often he does not go to work and you are afraid he is going to be fired; (b) that your friend always promises to stop drinking, but he always breaks his promise; (c) that he often drives under the influence of alcohol and that many times he has spent the night in jail.

3. You are a social worker and you are talking to your client, Mrs. Torales, about her alcoholic husband. Ask her the following questions: (a) Is he still drinking a lot? (b) Has he ever hit her because of the drinking? (c) Has he ever had an accident? (d) Has she ever contacted any organization like Alcoholics Anonymous or Al-Anon? Tell her that the telephone numbers of those organizations appear in the yellow pages of the phone book.

YOU'RE ON YOUR OWN!

Act out the following situations with a partner.

1. A social worker is helping an adolescent who thinks he or she has V.D.
2. A social worker is helping someone whose husband or wife is an alcoholic.

VOCABULARY EXPANSION

el **aborto** abortion
arrestar to arrest
el **consentimiento** consent
contagioso(-a) contagious
el **crimen** crime
la **epidemia** epidemic
estar en libertad condicional to be on probation

estar en libertad bajo fianza to be out on bail
la **iglesia** church
el **ministro** minister
estar preso(-a) to be in jail
el **reformatorio** reformatory

Complete the following sentences using the new words and expressions presented in the Vocabulary Expansion.

1. El policía lo va a .... por manejar estando borracho. ¡Y él está en

   libertad .... !

2. Muchísima gente tiene esa enfermedad. Es una ....

3. Los domingos siempre vamos a la ....

178

4. La gripe es una enfermedad ....

5. Tengo un estudiante que es un .... protestante.

6. No quiere tener el bebé. Va a tener un ....

7. Él no está preso; está en .... bajo ....

8. En las ciudades grandes hay muchos .... , y por eso necesitan muchas cárceles.

9. Para poder llevar a sus hijos a otro estado, necesita el .... de su ex-esposo.

10. Los adolescentes no están en una cárcel; están en un ....

Lesson 19

Consejos útiles

La enfermera visitadora, señorita Mena, habla con la señora Rojas, una madre joven.

MADRE —Ah, señorita Mena, me alegro de que haya venido hoy porque tengo varias preguntas.

ENFERMERA —Muy bien, señora Rojas.

MADRE —Todavía tengo miedo de dejar al bebé solo en la cuna.

ENFERMERA —En la cuna está seguro, si no hay en ella objetos peligrosos.

MADRE —Él sólo tiene su almohadita.

ENFERMERA —No use almohadas; pueden asfixiar al niño.

MADRE —Ah, el otro día me asusté mucho porque se tragó un botón. Por suerte la vecina estaba aquí.

ENFERMERA —Si eso pasa otra vez, vírelo con la cabeza hacia abajo y déle varios golpes en la espalda. Si comienza a ponerse azul, llévelo inmediatamente al médico.

MADRE —Cuando empiece a gatear y a pararse voy a tener más problemas.

ENFERMERA —En cuanto empiece a andar por la casa, tiene que tener mucho más cuidado porque el bebé puede envenenarse con muchas de las cosas que hay en la casa, como lejía, insecticidas, pinturas, detergentes, etc. En este folleto encontrará usted otras instrucciones útiles.

INSTRUCCIONES

1. El niño no debe estar cerca del horno, de la estufa, de la plancha, de las cerillas (fósforos), de los líquidos calientes ni de los aparatos eléctricos.
2. Si el niño se quema, trate la quemadura con agua helada. Si la quemadura es grave lleve al niño al médico.
3. Ponga enchufes de seguridad sobre los tomacorrientes que no use y tape con muebles los que esté usando.
4. En caso de cortaduras, limpie la herida con agua y jabón y cúbrala con un vendaje. Si la herida es profunda, llévelo al médico.
5. No deje al niño al sol mucho tiempo. Para un bebé, dos minutos por día es suficiente.
6. No deje al niño solo en la casa, ni en la bañadera ni en el coche.
7. Haga vacunar a sus niños antes de que empiecen a ir a la escuela.
8. En su casa y en el carro tenga siempre un botiquín (estuche) de primeros auxilios.

✳   ✳   ✳

Useful Advice

Miss Mena, the visiting nurse, speaks with Mrs. Rojas, a young mother.

MOTHER: Oh, Miss Ortiz, I'm glad you've come today, because I have several questions.
NURSE: Very well, Mrs. Rojas.
MOTHER: I'm still afraid to leave the baby alone in the crib.
NURSE: He's safe in the crib if there aren't (any) dangerous objects in it.
MOTHER: He has only his little pillow.
NURSE: Don't use pillows; they can suffocate the child.
MOTHER: Oh, the other day I got very scared because he swallowed a button. Luckily the neighbor was here.
NURSE: If that happens again, turn him upside down and hit him on the back. If he starts turning blue, take him to the doctor immediately.
MOTHER: When he starts crawling and standing up, I'm going to have more problems.
NURSE: As soon as he starts walking around the house, you have to be much more careful because the baby can be poisoned with many things that are in the house, like bleach, insecticides, paints, detergents, etc. In this pamphlet you'll find other useful instructions.

INSTRUCTIONS

1. The child should not be near the oven, the stove, the iron, matches, hot liquids, or electrical appliances.
2. If the child burns himself, treat the burn with ice water. If the burn is serious, take the child to the doctor.
3. Put covers on the electrical outlets that are not in use, and block the ones being used with pieces of furniture.
4. In case of cuts, clean the wound with water and soap, and cover it with a bandage. If the cut is deep, take him to the doctor.
5. Don't leave the child in the sun for a long time. For a baby, two minutes a day is enough.
6. Don't leave the child alone in the house or in the bathtub or the car.
7. Have your children immunized before they start school.
8. At home and in your car, always have a first-aid kit.

VOCABULARY

COGNATES

el **detergente**	detergent	el **líquido**	liquid
eléctrico(-a)	electric	el **objeto**	object
inmediatamente	immediately	el **plástico**	plastic
el **insecticida**	insecticide	**suficiente**	sufficient, enough
la **instrucción**	instruction		

NOUNS

la **almohada**   pillow
el **aparato eléctrico**   electrical appliance
el **botiquín,** el **estuche de primeros auxilios**
   medicine chest, first-aid kit
la **cerilla,** el **fósforo**   match
el **consejo**   advice
la **cortadura**   cut
la **cuna**   crib
el **enchufe de seguridad**   cover, electrical
   outlet protector
la **enfermera visitadora**   visiting nurse
la **estufa,** la **cocina**   stove
el **folleto**   pamphlet
la **herida**   wound
el **horno**   oven
el **jabón**   soap
la **lejía**   bleach
la **pintura**   paint
la **plancha**   iron
la **quemadura**   burn
el **sol**   sun
el **tomacorrientes**   socket, electrical outlet
el **vendaje**   bandage

VERBS

asfixiar   to suffocate
asustarse   to get scared

envenenar(se)   to poison (oneself)
gatear   to crawl
pararse   to stand up
tapar   to block, to cover
tragar(se)   to swallow
vacunar   to vaccinate
virar   to turn over

ADJECTIVES

caliente   hot
grave   serious
helado(-a)   ice, iced
profundo(-a)   deep
seguro(-a)   safe
útil   useful

OTHER WORDS AND EXPRESSIONS

andar por la casa   to walk around the house
cosas que hay en la casa   things around the
   house
dar golpes   to hit
en caso de   in case of
hacia abajo   down, downward
ponerse azul   to turn blue
primeros auxilios   first aid
todavía   still
sobre   on

DIALOGUE RECALL PRACTICE

**Study the dialogue you have just read; then complete the sentences below. If you cannot recall
some words, reread the dialogue, focusing on the words you missed and learning them within the
context of the sentences in which they appear.**

La enfermera visitadora habla con una madre joven.

MADRE   —Ah, señorita Mena, me alegro de que ....

            .... hoy porque tengo ....

            ....

ENFERMERA   —Muy bien, ...

MADRE   —Todavía .... de dejar

            .... en la

            ....

ENFERMERA   —En la cuna .... , si no hay en ella

            ....

MADRE	—Él sólo tiene ....
ENFERMERA	—No use .... ; pueden ....
	....
MADRE	—Ah, el otro día ....
	.... porque ....
	.... Por suerte ....
	....
ENFERMERA	—Si eso pasa otra vez, ...
	.... hacia abajo y déle
	.... en la espalda. Si comienza a
	.... , ...
	inmediatamente al médico.
MADRE	—Cuando empiece a .... y a .... , voy a tener
	....
ENFERMERA	—En cuanto ....
	por la casa, tiene que ....
	.... porque el bebé
	.... con muchas de las cosas
	....
	.... , como .... ,
	.... , pinturas, ... , etc. En este
	.... Ud. otras ....
	....

LET'S PRACTICE!

A. Answer the following questions, using the indicative or the subjunctive, as needed.

Modelo: ¿Cuándo va usted a poner los enchufes de seguridad en los tomacorrientes? (*tener tiempo*)
*Voy a ponerlos cuando **tenga tiempo**.*

1. ¿Cuándo vacunaste al niño? (llevarlo al médico)

....

2. ¿Cuándo van Uds. a darme el botiquín de primeros auxilios?   (así que encontrarlo)

   ....

3. ¿Cuándo vas a dejar al bebé en la cuna?   (tan pronto como dormirse)

   ....

4. ¿Hasta cuándo esperó Ud.?   (hasta que ellos llegar)

   ....

5. ¿Cuándo van a comprar la plancha?   (en cuanto ir a la tienda)

   ....

6. ¿Piensa usted dejar gatear al niño?   (sí, a menos que tener peligro)

   ....

B. Rewrite each of these sentences, making any changes required by the cue.

1. Él no ha traído el detergente.

   Temo que él ....

2. Ellos se han envenenado.

   No creo que ....

3. El niño se ha asfixiado.

   No es verdad que ....

4. Hemos traído la lejía y los insecticidas.

   Esperan que ....

5. No se han asustado mucho.

   Me alegro de que ....

6. Tengo una cortadura profunda.

   No es cierto que ....

7. La enfermera visitadora se ha enojado.

   Siento que ....

8. Te has quemado.

   Ojalá que no ....

QUESTION-ANSWER EXERCISES

A.   **Answer the following questions in complete sentences.**

1.   ¿De qué se alegra la madre?   ¿Por qué?

....

2.   ¿De qué tiene miedo la señora Rojas?

....

3.   ¿Qué es necesario para que el bebé esté seguro en la cuna?

....

4.   ¿Por qué son peligrosas las almohadas para el bebé?

....

5.   ¿Por qué se asustó la señora Rojas el otro día?

....

6.   ¿Qué debe hacer la señora Rojas en caso de que el niño se trague un botón?

....

7.   Si el niño comienza a ponerse azul, ¿qué debe hacer la madre?

....

8.   ¿Cuándo va a tener más problemas la señora Rojas?

....

9.   ¿Por qué es peligroso tener en la casa insecticidas, lejía y pintura si hay niños pequeños?

....

10.   Según el folleto, ¿qué debe hacer en caso de cortaduras?

....

11.   ¿Cuánto tiempo en el sol es suficiente para un bebé?

....

12.   ¿Con qué puede envenenarse el bebé?

....

B.   **And now, answer these personal questions.**

1.   ¿Usa Ud. almohada para dormir?

....

2. ¿Tiene Ud. enchufes de seguridad para tapar los tomacorrientes de su casa?

....

3. ¿Es buena idea dejar a un niño pequeño solo en la bañadera?

....

4. ¿Está Ud. vacunado(a)?

....

5. ¿Tiene Ud. un botiquín de primeros auxilios en su carro?

....

DIALOGUE COMPLETION

Use your imagination and the vocabulary you have learned in this lesson, to complete the missing parts of this dialogue.

Una madre joven habla con la enfermera visitadora.

MADRE   —Buenos días, señorita Ramírez. Me alegro de que haya venido hoy.

ENFERMERA   — ....

MADRE   —Sí, tengo varias preguntas. La primera es, ¿necesita el bebé una almohadita?

ENFERMERA   — ....

MADRE   —¿Es peligroso dejar al bebé solo en la cuna?

ENFERMERA   — ....

MADRE   —¡Ah! El otro día mi hijo Antonio se quemó la mano, y no sabía que ponerle. ¿Qué es bueno para una quemadura?

ENFERMERA   — ....

MADRE   —Creo que el bebé necesita estar al sol... ¿Cuánto tiempo puedo dejarlo al sol?

ENFERMERA   — ....

MADRE   —Bueno... no tengo más preguntas hoy. Gracias por todo.

SITUATIONAL EXERCISES

What would you say in the following situations?

1. You are a visiting nurse, and a mother tells you her son almost swallowed a button. Tell her that if it happens again, she should turn him upside down and hit him on the back. Tell her also that if he starts turning blue, she should take him to the hospital.

2. You are a visiting nurse. Advise a mother to keep her child away from the oven, the stove, an iron, matches, hot liquids, and electrical appliances.

3. You are a mother. Tell the babysitter not to leave your daughter alone in the house, the car, or the bathtub.

4. You are a visiting nurse. Tell a mother to have her children immunized before they start school. Tell her also to keep a first-aid kit at home and in the car.

YOU'RE ON YOUR OWN!

Act out the following situations with a partner.

1. A visiting nurse is talking with a young mother, whose child is beginning to walk, about the dangers around the house.

2. A visiting nurse and a mother are discussing the do's and don'ts of caring for a small baby.

VOCABULARY EXPANSION

ahogarse to drown
el **desaguadero al cantarillado** sewer
la **herramienta** tool
la **inyección contra el tétano** tetanus shot
la **receta** prescription

la **recogida de la basura** trash collection
la **tos** cough
toser to cough
el **veneno** poison

Complete the following sentences using the new words and expressions presented in the Vocabulary Expansion.

1. Tengo que pagar las cuentas de la recogida de .... y del

   ....

2. No puedo trabajar porque no tengo las .... necesarias.

3. Es peligroso dejar al bebé solo en la bañadera porque puede ....

4. El niño tiene una cortadura profunda. Va a necesitar una ....

5. La lejía y el insecticida son ....

6. Tiene gripe. Tiene mucha fiebre y mucha ....

7. Necesita medicina para la tos porque está .... mucho.

8. Para comprar esa medicina necesita una .... del médico.

Lesson 20

El ingreso suplementario

El señor Arias, trabajador social, habla con la señora Parra sobre el ingreso suplementario.

SRA. PARRA —Mi esposo me pidió que le preguntara si él tiene derecho a recibir ingreso suplementario, pues ahora tenemos más gastos y muchas deudas.

SR. ARIAS —Su esposo es ciego, ¿verdad?

SRA. PARRA —Sí, señor. Y ahora se está quedando sordo...

SR. ARIAS —Para poder contestar su pregunta tengo que saber cuál es el valor de las cosas que Uds. poseen y cuáles son sus ingresos.

SRA. PARRA —Bueno, en ahorros, acciones, bonos y dinero en efectivo tenemos unos dos mil dólares entre los dos. Y tenemos la casa rodante donde vivimos...

SR. ARIAS —Creo que Uds. son elegibles, pues la cantidad límite que una pareja puede tener para poder recibir pagos federales es de 2.250 dólares. La casa rodante no cuenta como recurso.

SRA. PARRA —¿Y nuestro automóvil? Tenemos un Ford 1972...

SR. ARIAS —Dudo que eso afecte su elegibilidad. Si fuera un coche de mucho valor la afectaría, pero su coche es muy viejo...

SRA. PARRA —Mi esposo tiene una póliza de seguro de vida. ¿Eso cuenta?

SR. ARIAS —En la mayoría de los casos, no. Ahora, la decisión sobre su reclamación dependerá de si sus ingresos provienen de su trabajo, o de pensiones, ahorros e inversiones.

SRA. PARRA —Lo único que tenemos es un mercadito que no nos da mucho dinero...

SR. ARIAS —De la ganancia neta que Ud. reciba de su negocio no se le cuentan los primeros 195 dólares que gane en un trimestre. Solamente se cuenta la mitad de los ingresos que excedan de 195 dólares en ese trimestre.

SRA. PARRA —A veces recibimos regalos en efectivo de nuestros hijos. ¿Eso se cuenta como ingreso?

SR. ARIAS —Sí, pero los primeros sesenta dólares en cada trimestre no se cuentan. Por ejemplo, si sus hijos les enviaran noventa dólares le descontaríamos treinta dólares de su pago de seguridad de ingreso suplementario.

SRA. PARRA —¿Qué otras cosas se cuentan como ingreso?

SR. ARIAS —Los cheques de seguro social, pagos de veteranos, pensiones privadas o anualidades, compensaciones obreras, herencias, pagos de manutención, rentas, intereses y dividendos.

Supplemental Income

Mr. Arias, a social worker, speaks with Mrs. Parra about supplemental income.

MRS. PARRA: My husband asked me to ask you if he has a right to receive supplemental income, since we now have more expenses and many debts.

MR. ARIAS:	Your husband is blind, right?
MRS. PARRA:	Yes, sir. And now he's going deaf. . . .
MR. ARIAS:	In order to be able to answer your question, I have to know the value of the things that you own and what your revenues are.
MRS. PARRA:	Well, in savings, stocks, bonds, and cash we have about $2,000 between the two of us. And we have the mobile home where we live. . . .
MR. ARIAS:	I don't doubt that you are eligible, since the maximum amount that a couple may have to be able to receive federal payments is $2,250. The mobile home doesn't count as income.
MRS. PARRA:	And our car? We have a 1972 Ford. . . .
MR. ARIAS:	I doubt that will affect your eligibility. If it were a very valuable car, it would be affected, but your car is very old. . . .
MRS. PARRA:	My husband has a life insurance policy. Does that count?
MR. ARIAS:	In the majority of cases, no. Now, the decision about your claim will depend on whether your income comes from your work, or from pensions, savings, and investments.
MRS. PARRA:	The only thing we have is a little market which doesn't give us much money . . .
MR. ARIAS:	From the net earnings that you receive from your business, the first $195 you earn in one quarter is not counted. Only half the income that exceeds $195 in that quarter is counted.
MRS. PARRA:	Sometimes we receive cash gifts from our children. Does that count as income?
MR. ARIAS:	Yes, but the first $60 in each quarter doesn't count. For example, if your children were to send you $90 we would deduct $30 from your supplemental income security payment.
MRS. PARRA:	What other things are counted as income?
MR. ARIAS:	Social security checks, veterans' payments, private pensions or annuities, worker's compensations, inheritances, support payments, profits, interests, and dividends.

VOCABULARY

COGNATES

la **decisión**	decision	la **pensión**	pension
los **dividendos**	dividends	la **póliza**	policy
la **elegibilidad**	eligibility	**privado(-a)**	private
el **interés**	interest	**suplementario(a)**	supplemental
neto(-a)	net	el, la **veterano(-a)**	veteran

NOUNS

las **acciones**   stocks
la **anualidad**   annuity
el **automóvil**, el **carro**   car
el **bono**   bond
la **cantidad**   amount
la **cantidad límite**   maximum amount
la **casa rodante**   mobile home
las **compensaciones obreras**   worker's
  compensations
la **deuda**   debt
el **dinero en efectivo**   cash
la **ganancia**   earning
la **herencia**   inheritance
los **ingresos**   income, earnings, revenue
la **inversión**   investment
la **mitad**   half
el **negocio**   business
el **pago de manutención**   support payment
la **pareja**   couple

la **reclamación**   claim
el **recurso**   resource
la **renta**   revenue, profit
el **seguro de vida**   life insurance
el **trimestre**   quarter
el **valor**   value

VERBS

afectar   to affect
contar (o:ue)   to count
descontar (o:ue)   to deduct
enviar   to send
exceder (de)   to exceed
poseer   to own
provenir (*conj. like* **venir**)   to come, to derive

ADJECTIVE

sordo(-a)   deaf

190

OTHER WORDS AND EXPRESSIONS

en la mayoría de los casos in most cases, in the majority of cases
el pago de seguridad de ingreso suplementario supplemental income security payment

lo único the only thing
pues since
quedarse sordo(-a) to go deaf

DIALOGUE RECALL PRACTICE

Study the dialogue you have just read; then complete the sentences below. If you cannot recall some words, reread the dialogue, focusing on the words you missed and learning them within the context in which they appear.

El señor Arias, trabajador social, habla con la señora Parra sobre el ingreso suplementario.

SRA. PARRA —Mi esposo me .... que le .... si él tiene

derecho a recibir .... , pues ahora

tenemos más .... y muchas ....

SR. ARIAS —Su esposo es .... , ¿verdad?

SRA. PARRA —Sí, senor. Y ahora se ....

....

SR. ARIAS —Para .... su pregunta, tengo que saber

cuál es el .... de las cosas que ....

.... cuáles son sus

....

SRA. PARRA Bueno, en ahorros .... , ... y dinero en

.... tenemos unos dos mil dólares .... los

dos. Y tenemos la .... donde vivimos...

SR. ARIAS —Creo que Uds. .... , pues la

.... que una ....

puede tener para poder recibir .... es de

2.250 dólares. La .... no

.... como ....

SRA. PARRA —¿Y nuestro .... ? Tenemos un Ford 1972...

SR. ARIAS —Dudo que eso .... su .... Si

.... un coche de mucho .... la

.... , pero su coche es muy ....

SRA. PARRA —Mi esposo tiene una .... de .... de

.... ¿Eso .... ?

SR. ARIAS —............................ .... de los

.... , no. Ahora, la .... sobre su

.... dependerá de si sus ....

.... de su trabajo, o de .... , ahorros e

....

SRA. PARRA —............................ .... que tenemos es un mercadito que no

.... mucho dinero...

SR. ARIAS —De la .... que Ud. reciba de su

.... no se le .... los primeros 195 dólares

que .... en un .... Solamente se

.... la .... de los .... que

.... de 195 dólares en ese ....

SRA. PARRA —............................ .... recibimos regalos en

.... de nuestros hijos. ¿Eso se .... como

.... ?

SR. ARIAS —Sí, pero los .... sesenta dólares en cada ....

no se cuentan. .... , si sus hijos les

.... noventa dólares le .... treinta dólares

de su .... de .... de ....

....

SRA. PARRA —¿Qué .... se cuentan como

.... ?

SR. ARIAS —Los cheques de seguro social, ... de .... ,

pensiones .... o .... , compensaciones

.... , ... , pagos de .... ,

rentas, ... y ....

LET'S PRACTICE!

A. **Rewrite these sentences in the past tense.   Be sure to use the subjunctive as needed.**

Modelo: Es imposible que él envíe los bonos.
Era imposible que él *enviara* los bonos.

1. Temo que no pueda recibir el ingreso suplementario.

   ....

2. Dudan que yo le descuente dinero de su pensión.

   ....

3. Se alegran de que nos paguen los dividendos.

   ....

4. Quieren que nosotros tomemos la decisión hoy.

   ....

5. Necesito que traigas la póliza de seguro de vida.

   ....

6. No creo que él tenga tantos bonos y acciones.

   ....

7. Sugiere que paguen sus deudas.

   ....

8. No hay nadie que quiera ese automóvil.

   ....

9. Me aconsejan que no haga esa inversión.

   ....

10. Siento que sea sordo.

   ....

B. **Answer the following questions using the words in parentheses in your response.**

Modelo: ¿Por qué no compras el coche?   (*tener dinero*)
*Lo compraría si **tuviera dinero**.*

1. ¿Por qué no le preguntas cuáles son sus ganancias?   (verla)

   ....

2. ¿Por qué no nos dicen quién recibió la herencia?   (saberlo)

....

3. ¿Por qué no pagan ustedes sus deudas?   (poder)

....

4. ¿Por qué no recibe pagos de veterano?   (serlo)

....

5. ¿Por qué no compra usted una casa rodante?   (necesitarla)

....

QUESTION-ANSWER EXERCISES

A.   Answer the following questions in complete sentences.

1. ¿Sobre qué hablan el señor Arias y la señora Parra?

....

2. ¿Qué le pidió el señor Parra a su esposa?

....

3. ¿Qué problema tienen el señor y la señora Parra?

....

4. ¿Está incapacitado el señor Parra?   ¿Por qué?

....

5. ¿Oye bien el señor Parra?

....

6. ¿Qué necesita saber el señor Arias sobre los ingresos y el valor de las cosas que poseen los Parra?

....

7. ¿Qué cantidad de dinero tienen los señores Parra?   ¿Tienen todo el dinero en efectivo?

....

8. ¿Cuál es la cantidad límite que puede tener una pareja para ser elegible?

....

9. ¿Cuenta como recurso la casa rodante?

....

10. ¿Cómo es el carro de los Parra?

....

11. ¿Cuenta como ingreso la póliza de seguro de vida que tiene el señor Parra?

....

12. ¿De qué va a depender la decisión sobre la reclamación del señor Parra?

....

13. ¿Qué es lo único que tienen los Parra?

....

14. ¿Qué cantidad de dinero no se cuenta de la ganancia neta que reciben del negocio los Parra?

....

15. ¿Qué parte de los ingresos que exceden de $195 se cuenta?

....

16. ¿Qué reciben a veces los Parra?   ¿De quién?

....

17. ¿Poseen los señores Parra algo más?

....

18. ¿Se cuentan como ingresos las pensiones privadas o anualidades y las compensaciones obreras?

....

B.   And now, answer these personal questions.

1. ¿Ha tenido Ud. muchos gastos este año?

....

2. ¿Tiene Ud. acciones o bonos?   ¿De qué compañía?

....

3. ¿Cuánto dinero en efectivo tiene Ud. hoy aquí?

....

4. ¿De qué año es su automóvil?

....

5. ¿Tiene Ud. un seguro de vida?   ¿Con qué compañía?

   ....

6. ¿Recibe Ud. pagos de veterano?

   ....

7. Si yo vendiera pólizas de seguro de vida, ¿me compraría Ud. una para su familia?

   ....

8. ¿Alguien le aconsejó a Ud. que comprara acciones o bonos del gobierno federal?

   ....

DIALOGUE COMPLETION

Use your imagination and the vocabulary learned in this lesson to complete the missing parts of this dialogue.

La señora León habla con el señor Díaz sobre el ingreso suplementario.

SRA. LEÓN   —Sr. Díaz, necesito información sobre el ingreso suplementario.

SR. DÍAZ   —...

SRA. LEÓN   —Deseo saber si puedo recibir el ingreso suplementario pues mi familia y yo
                        necesitamos más dinero.

SR. DÍAZ   —...

SRA. LEÓN   —No, mi esposo no puede trabajar; está paralítico, porque tuvo un accidente.

SR. DÍAZ   —...

SRA. LEÓN   —¿Qué preguntas necesito contestar?

SR. DÍAZ   —...

SRA. LEÓN   —Tenemos muy poco dinero en efectivo.   Solamente 500 dólares.

SR. DÍAZ   —...

SRA. LEÓN   —No, no tenemos bonos ni acciones, pero tenemos un automóvil.

SR. DÍAZ   —...

SRA. LEÓN   —No, no es nuevo; es un automóvil muy viejo.

SR. DÍAZ   —...

SRA. LEÓN   —Me alegro de que el auto no cuente, pues necesitamos el dinero.

SR. DÍAZ   —...

SRA. LEÓN —Sí, tenemos un pequeño negocio, pero no nos da mucho dinero. ¿Nos cuentan todas las entradas?

SR. DÍAZ —...

SRA. LEÓN —A veces nuestros hijos nos dan dinero. ¿Cuenta eso como ingresos?

SR. DÍAZ —...

SRA. LEÓN —Muy bien, muchas gracias por la información.

SITUATIONAL EXERCISES

What would you say in the following situations?

1. You are talking to Mr. Estrada, your client, about supplemental income. Explain the following: (a) the maximum amount that a couple can have to be able to receive federal payments is $2,250; (b) a mobile home does not count as income if the people live in it; (c) a life insurance policy does not count as income in most cases; (d) of the net earnings that a person receives, the first $195 earned in a quarter is not counted; (e) social security checks, private pensions or annuities, worker's compensation, inheritances, support payments, interests and dividends are counted as income.

2. You are talking to a social worker and trying to obtain information about supplemental income. Ask him or her the following questions: (a) Does the car that is used for transportation count as income? (b) Do cash gifts that you sometimes receive from your parents count as income? (c) What other things are counted as income?

YOU'RE ON YOUR OWN!

Act out the following situation with a partner.

A social worker explains to his or her client the circumstances under which supplemental income will be provided; the client's financial situation is discussed, and the social worker tells the client what is counted as income.

VOCABULARY EXPANSION

el **año fiscal** fiscal year
la **aprobación** approval
las **deducciones permitidas** allowable deductions
las **dificultades del habla** speech impediments
la **huelga** strike

mudo(-a) mute
olvidarse (de) to forget
el **recordatorio** reminder
el **servicio activo** active duty
el **servicio militar** military service
el **sindicato** union

Complete the following sentences using the new words and expressions presented in the Vocabulary Expansion.

1. Para que Ud. no se .... de que tiene que venir al Departamento, voy a

   mandarle un ....

2. Para recibir esos beneficios, Ud. necesita la .... del Departamento de Bienestar Social.

3. Es sordo, pero no es ....

4. Necesita ver a un terapista porque tiene dificultades ....

5. ¿Está Ud. haciendo el servicio .... ?

6. No puede trabajar si no es miembro del........................... de obreros.

7. Los trabajadores agrícolas están en .... porque quieren mejores sueldos.

8. El año .... termina en junio.

9. Para calcular los impuestos, necesita saber cuáles son las ....

10. No está en la reserva. Está en servicio ....

LESSONS 16–20 # VOCABULARY REVIEW

A. Circle the word or phrase that does not belong in each group.

1. Cura, parroquia, casa rodante
2. revisamos, aparecemos, examinamos
3. no se arriesga, tiene protección, sigue trabajando
4. estufa, horno, folleto
5. plancha, jabón, lejía
6. tener miedo, virar, asustarse
7. pararse, asfixiarse, ponerse azul
8. tomacorrientes, enchufe de seguridad, pintura
9. tratamiento, quehaceres del hogar, diagnóstico
10. dentadura postiza, audífono, oído
11. espejuelos, vendaje, gafas
12. pareja, acciones, bonos
13. deudas, ingresos, recursos
14. negocio, inversión, lesión
15. interés, dividendos, novios
16. seguro de vida, alfombra, póliza
17. sol, jabón, detergente
18. instrucción, consejo, cortadura
19. prima básica, sangre, transfusión
20. oído, hogar, vista
21. bronquitis, resfrío, derrame cerebral
22. reumatismo, diarrea, artritis
23. estar preso, crimen, desaguadero
24. recogida de la basura, mudo, dificultades del habla
25. análisis, especialista, sindicato
26. farmacia, hospital, paciente interno

B. Circle the word or phrase that best completes each sentence. Then read the sentence aloud.

1. Está hospitalizado y necesita cuidado (suplementario, intensivo, fiscal).
2. Tiene un (veneno, líquido, cuarto) semiprivado.
3. No puedo (comprarlo, arrestarlo, olvidarlo) porque no tengo suficiente dinero.
4. Voy los jueves.   Voy (los fines de semana, entre semana, dos veces por semana).
5. Lo van a despedir porque (trabaja muy bien, le pusieron una inyección contra el tétano, falta mucho al trabajo).
6. El policía lo detuvo por manejar estando (borracho, preocupado, contagioso).
7. Tengo que tratar de (toser, resolver, contar) mis problemas.

8. No hay nadie que pueda ayudarnos. (¡Qué suerte!, ¡Qué lástima!, ¡Me alegro!).

9. No quiere hablar con nadie. Quiere que (todos vengan a verlo, lo dejen tranquilo, vengan a visitarlo).

10. Vayan al Departamento de Sanidad para que los (revisen, ahoguen, infecten).

11. El uso del condón ayuda a evitar (las enfermedades venéreas, los tumores, el consentimiento).

12. Tuvo un accidente (dentro de, gracias a, por culpa de) la bebida.

13. Si necesita ayuda para dejar de beber, debe ponerse en contacto con (Alcohólicos Anónimos, un superviviente, un buen profesor).

14. Quiero preguntarle algo sobre las enfermedades venéreas, pero (me da vergüenza, no estoy disgustada, estoy en libertad bajo fianza).

15. Los trabajadores sociales tratan de (ayudar, cocinar, matar) a sus clientes.

16. Esteban (pasó, estuvo en libertad condicional, revisó) dos noches en la cárcel.

17. Muchos (alcohólicos, ministros, paramédicos) dicen que ellos no perjudican a nadie bebiendo.

18. La muchacha teme estar embarazada porque (tuvo relaciones sexuales, tomó mucha cerveza, tiene gripe).

19. ¿Ha tenido Ud. un accidente (últimamente, de rutina, gratis)?

20. ¿Cuál es su (tos, ganancia, semana) neta?

21. Las pensiones privadas o anualidades, las compensaciones obreras, las rentas y los pagos de manutención se cuentan como (reclamaciones, ingresos, aprobaciones).

22. Cuando su padre murió, le dejó muchísmo dinero. Le dejó una buena (herencia, huelga, deuda).

23. La cantidad (grave, límite, mínima) que una pareja puede recibir es de 2.250 dólares.

24. Es un automóvil muy viejo y sin valor. No afecta su (elegibilidad, póliza de vida, servicio activo).

25. Los primeros sesenta dólares no se cuentan. Si usted recibiera cien dólares, le descontaríamos cuarenta dólares de su pago de seguridad de (ingreso suplementario, gastos funerarios, recordatorios).

26. El doctor le va a examinar el oído porque se está quedando (ciego, sordo, mudo).

27. En la mayoría de los casos, un seguro de vida (no cuenta como ingreso, proviene de una herencia, no tiene beneficiario).

28. Ya llené todas las planillas. Lo (único, difícil, primero) que tengo que hacer ahora es firmarlas.

29. La enfermera visitadora dice que el niño no debe estar cerca de (su cuna, aparatos eléctricos, la receta).

30. La señora se asustó mucho porque su hijo (se estaba asfixiando, fue dado de alta, estaba seguro en su cuna).

31. Si el niño se traga algo, vírelo con la cabeza hacia abajo y déle golpes en la (vesícula, cara, espalda).

32. Se mudaron. (Siempre, Todavía, Ya no) viven aquí.

33. La enfermera me dio unos consejos muy (útiles, helados, contagiosos).

34. Si la herida del niño es muy profunda, debe (llevarlo al médico, estar preso, andar por la casa) inmediatamente.

35. En caso de cortaduras, limpie la herida con agua y (jabón, pintura, cataratas).

36. El bebé puede (caminar, envenenarse, gatear) con muchas cosas que hay en la casa, como lejía o insecticida.

37. Debe tratar de tapar todos los (tomacorrientes, reformatorios, catarros).

38. Le van a hacer un examen de la (vista, colitis, vejiga) porque no ve muy bien.

39. ¿Le van a tomar una (póliza, ambulancia, radiografía) para ver si tiene tuberculosis?

40. Necesito (zapatos, anteojos, cálculos) ortopédicos.

C. Match the questions in column A with the answers in column B.

A

1. ¿Cuándo entregaron las planillas? ____

2. ¿En qué puedo servirle? ____

3. ¿Vas a ver a un quiropráctico? ____

4. ¿Pagan por servicios de terapia física independiente? ____

5. ¿Yo tengo que pagar los primeros sesenta dólares? ____

6. ¿Qué pasa si los ingresos exceden de $195? ¿Si ganamos $595...? ____

7. ¿Quién es elegible para el programa de MEDICARE? ____

8. ¿Ha estado Ud. recibiendo beneficios? ____

9. ¿Cubre MEDICARE los gastos del cuidado intensivo? ____

10. ¿Tiene que ingresar en el hospital? ____

11. ¿Ha trabajado el tiempo requerido por el Seguro Social? ____

12. ¿Pagan por una transfusión? ____

13. ¿Entonces me pagan la hospitalización? ____

14. ¿Por qué tuvo que quedarse más tiempo en el hospital? ____

15. ¿Paga MEDICARE el costo de un cuarto? ____

16. ¿De qué murió su padre? ____

17. ¿Ud. es paciente externo? ____

18. ¿Va a arreglar el techo? ____

19. ¿Va a hacer el servicio militar? ____

20. ¿Necesita Ud. saber cuáles son las deducciones permitidas? ____

B

a. Sí, pero los pagos están limitados a $80 anuales.

b. Cualquier persona de 65 años o más.

c. Sí, tengo que operarme.

d. Sí, y el seguro médico pagará el 80 por ciento de todos los demás servicios.

e. Hubo complicaciones.

f. Sí, porque tengo problemas con la espalda.

g. Sí, uno de dos a cuatro camas.

h. Yo creo que no.

i. Al día siguiente.

j. Sí, hasta noventa días.

k. Sí, si los necesita.

l. Solamente se cuenta la mitad de $400.

m. Necesito información sobre ingreso suplemental.

n. Sí, excepto las tres primeras pintas de sangre.

o. Sí, por dos años consecutivos.

p. No, interno.

q. No, no me aceptaron porque tengo diabetes.

r. Sí, para calcular los impuestos.

s. No, no tengo las herramientas necesarias.

t. De un ataque al corazón.

D. **Write these words in Spanish.   What expression is formed vertically?**

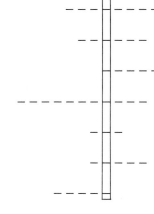

1. room

2. article

3. deductible

4. personal

5. annuity

6. as

7. convenience

8. list

9. directly

10. injury

11. premium

12. railroad

13. year

14. cost

15. total

E. Crucigrama.

HORIZONTAL

3. muchas
4. por año
6. de los dientes
8. estufa
10. estuche de primeros auxilios
11. tengo
14. Está en el hospital; está ____
17. Mi número de teléfono está en la guía ____ .
20. Tiene quince años. Es un ____ .
21. el dinero que uno gana
22. Es drogadicto. Usa ____ .
24. Ella se preocupa. Está ____ .

27. tres meses
28. cerilla
29. quiere decir
30. mandamos
31. organización que ayuda a los alcohólicos: Alcohólicos ____
32. en seguida
33. píldora
34. *chapter,* en español
37. pneumonía
38. Hay una ____ de gripe.
39. *abortion,* en español

VERTICAL

1. con límite (*fem.*)
2. *I avoid,* en español
5. No usa anteojos. Usa ____ de contacto.
6. Les debo dinero a muchas personas. Tengo muchas ____ .
7. retiradas
8. El bebé duerme en su ____ .
9. Debe decidir. Debe tomar una ____ .
11. no permitimos
12. cura, padre
13. Siempre se emborracha: siempre está ____ .

15. carro
16. hace una promesa
18. Me quemé. Tengo una ____ .
19. La gonorrea y la sífilis son enfermedades ____ .
23. habitación
25. Lo usamos para matar cucarachas, por ejemplo.
26. que tiene relación
35. hipertensión: presión ____
36. El cura está en la ____ .
37. *pardon me,* en español

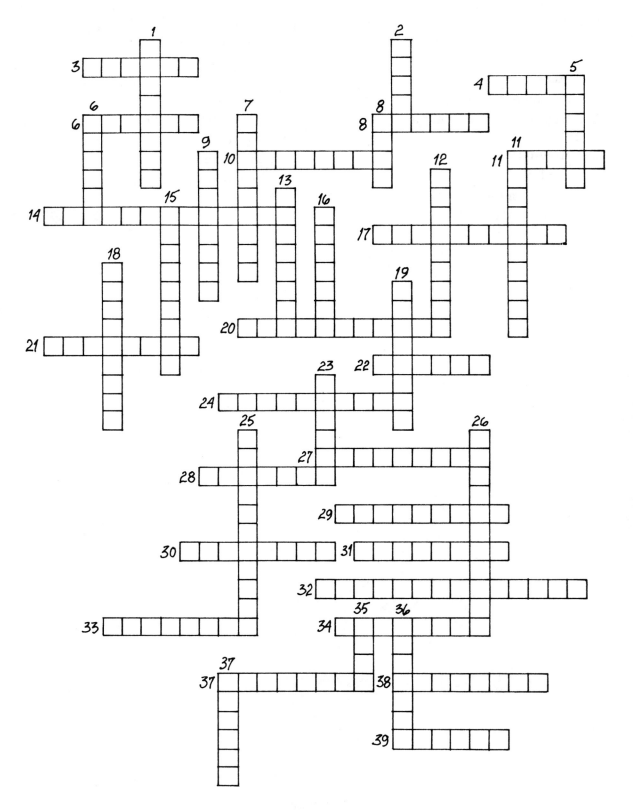

Appendixes

Appendix A

Introduction to Spanish Sounds
(Recorded on Cassette)

▣ Each Spanish sound will be explained briefly and examples will be given for practice. Repeat each Spanish word after the speaker, imitating as closely as possible the correct pronunciation.

THE VOWELS

1. The Spanish **a** has a sound similar to the English *a* in the word *father*. Repeat:

   Ana   casa   banana   mala   dama   mata

2. The Spanish **e** is pronounced like the English *e* in the word *eight*. Repeat:

   este   René   teme   deme   entre   bebe

3. The Spanish **i** is pronounced like the English *ee* in the word *see*. Repeat:

   sí   difícil   Mimí   ir   dividir   Fifí

4. The Spanish **o** is similar to the English *o* in the word *no,* but without the glide. Repeat:

   solo   poco   como   toco   con   monólogo

5. The Spanish **u** is similar to the English *ue* sound in the word *Sue*. Repeat:

   Lulú   un   su   universo   murciélago

THE CONSONANTS

1. The Spanish **p** is pronounced like the English *p* in the word *spot*. Repeat:

   pan   papá   Pepe   pila   poco   pude

2. The Spanish **c** in front of **a, o, u, l,** or **r** sounds similar to the English *k*. Repeat:

   casa   como   cuna   clima   crimen   cromo

3. The Spanish **q** is only used in the combinations **que** and **qui** in which the **u** is silent, and also has a sound similar to the English *k*. Repeat:

   que   queso   Quique   quinto   quema   quiso

4. The Spanish **t** is pronounced like the English *t* in the word *stop*. Repeat:

   toma   mata   tela   tipo   atún   Tito

5. The Spanish **d,** at the beginning of an utterance or after **n** or **l,** sounds somewhat similar to the English *d* in the word *David*. Repeat:

   día   dedo   duelo   anda   Aldo

   In all other positions, the **d** has a sound similar to the English *th* in the word *they*. Repeat:

   medida   todo   nada   Ana dice   Eva duda

6. The Spanish **g** also has two sounds. At the beginning of an utterance and in all other positions, except before **e** or **i,** the Spanish **g** sounds similar to the English *g* in the word *sugar*. Repeat:

   goma   gato   tengo   lago   algo   aguja

   In the combinations **gue** and **gui,** the **u** is silent. Repeat.

   Águeda   guineo   guiso   ligue   la guía

7. The Spanish **j,** and **g** before **e** or **i,** sounds similar to the English *h* in the word *home*. Repeat:

   jamás   juego   jota   Julio   gente   Genaro   gime

8. The Spanish **b** and the **v** have no difference in sound. Both are pronounced alike. At the beginning of the utterance or after **m** or **n,** they sound similar to the English *b* in the word *obey*. Repeat:

   Beto   vaga   bote   vela   también   un vaso

   Between vowels, they are pronounced with the lips barely closed. Repeat:

   sábado   yo voy   sabe   Ávalos   Eso vale

9. In most Spanish-speaking countries, the **y** and the **ll** are similar to the English *y* in the word *yet*. Repeat:

   yo   llama   yema   lleno   ya   lluvia   llega

10. The Spanish **r (ere)** is pronounced like the English *tt* in the word *gutter*. Repeat:

    cara   pero   arena   carie   Laredo   Aruba

    The Spanish **r** in an initial position and after **l, n,** or **s,** and **rr (erre)** in the middle of a word are pronounced with a strong trill. Repeat:

    Rita   Rosa   torre   ruina   Enrique   Israel
    perro   parra   rubio   alrededor   derrama

11. The Spanish **s** sound is represented in most of the Spanish-speaking world by the letters **s, z,** and **c** before **e** or **i.** The sound is very similar to the English sibilant *s* in the word *sink*. Repeat:

    sale   sitio   solo   seda   suelo
    zapato   cerveza   ciudad   cena

    In most of Spain, the **z,** and **c** before **e** or **i,** is pronounced like the English *th* in the word *think*. Repeat:

    zarzuela   cielo   docena

12. The letter **h** is silent in Spanish. Repeat:

    hilo   Hugo   ahora   Hilda   almohada   hermano

13. The Spanish **ch** is pronounced like the English *ch* in the word *chief*. Repeat:

    muchacho   chico   coche   chueco   chaparro

14. The Spanish **f** is identical in sound to the English *f*. Repeat:

    famoso   feo   difícil   fuego   foto

15. The Spanish **l** is pronounced like the English *l* in the word *lean*. Repeat:

dolor   ángel   fácil   sueldo   salgo   chaval

16. The Spanish **m** is pronounced like the English *m* in the word *mother*. Repeat:

mamá   moda   multa   médico   mima

17. In most cases, the Spanish **n** has a sound similar to the English *n*. Repeat:

nada   norte   nunca   entra   nene

The sound of the Spanish **n** is often affected by the sounds that occur around it. When it appears before **b, v,** or **p,** it is pronounced like the English *m*. Repeat:

invierno   tan bueno   un vaso   un bebé   un perro

18. The Spanish **ñ (eñe)** has a sound similar to the English *ny* in the word *canyon*. Repeat:

muñeca   leña   año   señorita   piña   señor

19. The Spanish **x** has two pronunciations, depending on its position. Between vowels, the sound is similar to the English *ks*. Repeat:

examen   boxeo   éxito   exigente

Before a consonant, the Spanish **x** sounds like the English *s*. Repeat:

expreso   excusa   extraño   exquisito

LINKING

In spoken Spanish, the various words in a phrase or sentence are not pronounced as isolated elements, but are combined. This is called *linking*.

1. The final consonant of a word is pronounced together with the initial vowel of the following word. Repeat:

Carlos anda   un ángel   el otoño   unos estudiantes

2. The final vowel of a word is pronounced together with the initial vowel of the following word. Repeat:

su esposo   la hermana   ardua empresa   la invita

3. When the final vowel of a word and the initial vowel of the following word are identical, they are pronounced slightly longer than one vowel. Repeat:

Ana alcanza   me espera   mi hijo   lo olvida

The same rule applies when two identical vowels appear within a word. Repeat:

cooperación   crees   leemos   coordinación

4. When the final consonant of a word and the initial consonant of the following word are the same, they are pronounced as one consonant with slightly longer-than-normal duration. Repeat:

el lado   un novio   Carlos salta   tienes sed   al leer

Appendix B

Spanish Pronunciation

THE ALPHABET

Letter	Name	Letter	Name	Letter	Name	Letter	Name
a	a	g	ge	m	eme	rr	erre
b	be	h	hache	n	ene	s	ese
c	ce	i	i	ñ	eñe	t	te
ch	che	j	jota	o	o	u	u
d	de	k	ka	p	pe	v	ve
e	e	l	ele	q	cu	w	doble ve
f	efe	ll	elle	r	ere	x	equis
						y	y griega
						z	zeta

VOWELS

There are five distinct vowels in Spanish: **a, e, i, o,** and **u.** Each vowel has only one basic, constant sound. The pronunciation of each vowel is constant, clear, and brief. The length of the sound is practically the same whether it is produced in a stressed or unstressed syllable.[1]

While producing the sounds of the English stressed vowels that most closely resemble the Spanish ones, the speaker changes the position of the tongue, lips, and lower jaw, so that the vowel actually starts as one sound and then *glides* into another. In Spanish, however, the tongue, lips, and jaw keep a constant position during the production of the sound.

        English: ban*a*na   **Spanish:** ban*a*na

The stress falls on the same vowel and syllable in both Spanish and English, but the English stressed *a* is longer than the Spanish stressed **a.**

        English: ban*a*na   **Spanish:** ban*a*na

Note also that the English stressed *a* has a sound different from the other *a*'s in the word, while the Spanish **a** sound remains constant.

a in Spanish sounds similar to the English *a* in the word *father.*

alta	casa	palma	Ana
cama	Panamá	alma	apagar

---

[1]In a stressed syllable, the prominence of the vowel is indicated by its loudness.

e is pronounced like the English *e* in the word *eight*.

mes	entre	este	deje
ese	encender	teme	prender

i has a sound similar to the English *ee* in the word *see*.

fin	ir	sí	sin	dividir	Trini	difícil

o is similar to the English *o* in the word *no,* but without the glide.

toco	como	poco	roto
corto	corro	solo	loco

u is pronounced like the English *oo* sound in the word *shoot,* or the *ue* sound in the word *Sue.*

su	Lulú	Úrsula	cultura
un	luna	sucursal	Uruguay

Diphthongs and Triphthongs

When unstressed **i** or **u** falls next to another vowel in a syllable, it unites with that vowel to form what is called a *diphthong*. Both vowels are pronounced as one syllable. Their sounds do not change; they are only pronounced more rapidly and with a glide. For example:

traiga	Lidia	treinta	siete	oigo	adiós
Aurora	agua	bueno	antiguo	ciudad	Luis

A *triphthong* is the union of three vowels: a stressed vowel between two unstressed ones (**i** or **u**) in the same syllable. For example: Para**guay,** estudi**éis.**

NOTE: Stressed **i** and **u** do not form diphthongs with other vowels, except in the combinations **iu** and **ui.** For example: **rí**-o, sa-**bí**-ais.

In syllabication, diphthongs and triphthongs are considered a single vowel; their components cannot be separated.

CONSONANTS

p   Spanish **p** is pronounced in a manner similar to the English *p* sound, but without the puff of air that follows after the English sound is produced.

pesca	pude	puedo	parte	papá
postre	piña	puente	Paco	

k   The Spanish **k** sound, represented by the letters **k, c** before **a, o, u** or a consonant, and **qu,** is similar to the English *k* sound, but without the puff of air.

casa	comer	cuna	clima	acción	que
quinto	queso	aunque	kiosko	kilómetro	

t   Spanish **t** is produced by touching the back of the upper front teeth with the tip of the tongue. It has no puff of air as in the English *t*.

todo	antes	corto	Guatemala	diente
resto	tonto	roto	tanque	

d   The Spanish consonant **d** has two different sounds depending on its position. At the beginning of an utterance and after **n** or **l**, the tip of the tongue presses the back of the upper front teeth.

día	doma	dice	dolor	dar
anda	Aldo	caldo	el deseo	un domicilio

In all other positions the sound of **d** is similar to the *th* sound in the English word *they*, but softer.

medida	todo	nada	nadie	medio
puedo	moda	queda	nudo	

g   The Spanish consonant **g** is similar to the English *g* sound in the word *guy* except before **e** or **i**.

goma	glotón	gallo	gloria	lago	alga
gorrión	garra	guerra	angustia	algo	Dagoberto

j   The Spanish sound **j** (or **g** before **e** and **i**) is similar to a strongly exaggerated English *h* sound.

gemir	juez	jarro	gitano	agente
juego	giro	bajo	gente	

b, v   There is no difference in sound between Spanish **b** and **v**. Both letters are pronounced alike. At the beginning of an utterance or after **m** or **n**, **b** and **v** have a sound identical to the English *b* sound in the word *boy*.

vivir	beber	vamos	barco	enviar
hambre	batea	bueno	vestido	

When pronounced between vowels, the Spanish **b** and **v** sound is produced by bringing the lips together but not closing them, so that some air may pass through.

sábado	autobús	yo voy	su barco

y, ll   In most countries, Spanish **ll** and **y** have a sound similar to the English sound in the word *yes*.

el llavero	trayecto	su yunta	milla
oye	el yeso	mayo	yema
un yelmo	trayectoria	llama	bella

NOTE: When it stands alone or is at the end of a word, Spanish **y** is pronounced like the vowel **i**.

rey	hoy	y	doy	buey
muy	voy	estoy	soy	

r   The sound of Spanish **r** is similar to the English *dd* sound in the word *ladder*.

crema	aroma	cara	arena	aro
harina	toro	oro	eres	portero

rr   Spanish **rr** and also **r** in an initial position and after **n, l,** or **s** are pronounced with a very strong trill. This trill is produced by bringing the tip of the tongue near the alveolar ridge and letting it vibrate freely while the air passes through the mouth.

rama	carro	Israel	cierra	roto
perro	alrededor	rizo	corre	Enrique

s Spanish **s** is represented in most of the Spanish world by the letters **s, z,** and **c** before **e** or **i.** The sound is very similar to the English sibilant *s* in the word *sink.*

sale	sitio	presidente	signo
salsa	seda	suma	vaso
sobrino	ciudad	cima	canción
zapato	zarza	cerveza	centro

h The letter **h** is silent in Spanish.

hoy	hora	hilo	ahora
humor	huevo	horror	almohada

ch Spanish **ch** is pronounced like the English *ch* in the word *chief.*

hecho	chico	coche	Chile
mucho	muchacho	salchicha	

f Spanish **f** is identical in sound to the English *f.*

difícil	feo	fuego	forma
fácil	fecha	foto	fueron

l Spanish **l** is similar to the English *l* in the word *let.*

dolor	lata	ángel	lago	sueldo
los	pelo	lana	general	fácil

m Spanish **m** is pronounced like the English *m* in the word *mother.*

mano	moda	mucho	muy
mismo	tampoco	multa	cómoda

n In most cases, Spanish **n** has a sound similar to the English *n.*

nada	nunca	ninguno	norte
entra	tiene	sienta	

The sound of Spanish **n** is often affected by the sounds that occur around it. When it appears before **b, v,** or **p,** it is pronounced like an **m.**

tan bueno	toman vino	sin poder
un pobre	comen peras	siguen bebiendo

ñ Spanish **ñ** is similar to the English *ny* sound in the word *canyon.*

señor	otoño	ñoño	uña
leña	dueño	niños	años

x Spanish **x** has two pronunciations depending on its position. Between vowels the sound is similar to English *ks.*

examen	exacto	boxeo	éxito
oxidar	oxígeno	existencia	

When it occurs before a consonant, Spanish **x** sounds like *s.*

expresión	explicar	extraer	excusa
expreso	exquisito	extremo	

NOTE: When **x** appears in México or in other words of Mexican origin, it is pronounced like the Spanish letter **j.**

RHYTHM

Rhythm is the variation of sound intensity that we usually associate with music. Spanish and English each regulate these variations in speech differently, because they have different patterns of syllable length. In Spanish the length of the stressed and unstressed syllables remains almost the same, while in English stressed syllables are considerably longer than unstressed ones. Pronounce the following Spanish words, enunciating each syllable clearly.

es-tu-dian-te	bue-no	Úr-su-la
com-po-si-ción	di-fí-cil	ki-ló-me-tro
po-li-cí-a	Pa-ra-guay	

Because the length of the Spanish syllables remains constant, the greater the number of syllables in a given word or phrase, the longer the phrase will be.

LINKING

In spoken Spanish, the different words in a phrase or a sentence are not pronounced as isolated elements but are combined together. This is called *linking*.

Pepe come pan.		Pe-pe-co-me-pan
Tomás toma leche.		To-más-to-ma-le-che
Luis tiene la llave.		Luis-tie-ne-la-lla-ve
La mano de Roberto.		La-ma-no-de-Ro-ber-to

1. The final consonant of a word is pronounced together with the initial vowel of the following word.

Carlos anda		Car-lo-san-da
un ángel		u-nán-gel
el otoño		e-lo-to-ño
unos estudios interesantes		u-no-ses-tu-dio-sin-te-re-san-tes

2. A diphthong is formed between the final vowel of a word and the initial vowel of the following word. A triphthong is formed when there is a combination of three vowels (see rules for the formation of diphthongs and triphthongs on page 211).

su hermana		suher-ma-na
tu escopeta		tues-co-pe-ta
Roberto y Luis		Ro-ber-toy-Luis
negocio importante		ne-go-cioim-por-tan-te
lluvia y nieve		llu-viay-nie-ve
ardua empresa		ar-duaem-pre-sa

3. When the final vowel of a word and the initial vowel of the following word are identical, they are pronounced slightly longer than one vowel.

A-nal-can-za	Ana alcanza	tie-ne-so	tiene eso
lol-vi-do	lo olvido	Ada-tien-de	Ada atiende

The same rule applies when two identical vowels appear within a word.

cres	crees
Te-rán	Teherán
cor-di-na-ción	coordinación

214

4. When the final consonant of a word and the initial consonant of the following word are the same, they are pronounced as one consonant with slightly longer than normal duration.

> e-*l*a-do   el lado   tie-ne-*s*ed   tienes sed
>
> Car-lo-*s*al-ta   Carlos salta

INTONATION

Intonation is the rise and fall of pitch in the delivery of a phrase or a sentence. In general, Spanish pitch tends to change less than English, giving the impression that the language is less emphatic.

As a rule, the intonation for normal statements in Spanish starts in a low tone, raises to a higher one on the first stressed syllable, maintains that tone until the last stressed syllable, and then goes back to the initial low tone, with still another drop at the very end.

> Tu amigo viene mañana.   José come pan.
>
> Ada está en casa.   Carlos toma café.

SYLLABLE FORMATION IN SPANISH

General rules for dividing words into syllables:

Vowels

1. A vowel or a vowel combination can constitute a syllable.

> a-lum-no   a-bue-la   Eu-ro-pa

2. Diphthongs and triphthongs are considered single vowels and cannot be divided.

> bai-le   puen-te   Dia-na   es-tu-diáis   an-ti-guo

3. Two strong vowels (**a, e, o**) do not form a diphthong and are separated into two syllables.

> em-ple-ar   vol-te-ar   lo-a

4. A written accent on a weak vowel (**i** or **u**) breaks the diphthong, thus the vowels are separated into two syllables.

> trí-o   dú-o   Ma-rí-a

Consonants

1. A single consonant forms a syllable with the vowel that follows it.

> po-der   ma-no   mi-nu-to

NOTE: **ch, ll,** and **rr** are considered single consonants: **a-ma-ri-llo, co-che, pe-rro.**

2. When two consonants appear between two vowels, they are separated into two syllables.

> al-fa-be-to   cam-pe-ón   me-ter-se   mo-les-tia

EXCEPTION: When a consonant cluster composed of **b, c, d, f, g, p,** or **t** with **l** or **r** appears between two vowels, the cluster joins the following vowel: **so-bre, o-tros, ca-ble, te-lé-gra-fo.**

3. When three consonants appear between two vowels, only the last one goes with the following vowel.

> ins-pec-tor   trans-por-te   trans-for-mar

EXCEPTION: When there is a cluster of three consonants in the combinations described in rule 2, the first consonant joins the preceding vowel and the cluster joins the following vowel: **es-cri-bir, ex-tran-je-ro, im-plo-rar, es-tre-cho.**

ACCENTUATION

In Spanish, all words are stressed according to specific rules. Words that do not follow the rules must have a written accent to indicate the change of stress. The basic rules for accentuation are as follows.

1. Words ending in a vowel, **n,** or **s** are stressed on the next-to-the last syllable.

> **hi**-jo   **ca**-lle   **me**-sa   fa-**mo**-sos
> flo-**re**-cen   **pla**-ya   **ve**-ces

2. Words ending in a consonant, except **n** or **s,** are stressed on the last syllable.

> ma-**yor**   a-**mor**   tro-pi-**cal**   na-**riz**   re-**loj**   co-rre-**dor**

3. All words that do not follow these rules must have the written accent.

> ca-**fé**   **lá**-piz   **mú**-si-ca   sa-**lón**
> **án**-gel   **lí**-qui-do   fran-**cés**   **Víc**-tor
> sim-**pá**-ti-co rin-**cón**   a-**zú**-car   **dár**-se-lo
> sa-**lió**   **dé**-bil   e-**xá**-me-nes   **dí**-me-lo

4. Pronouns and adverbs of interrogation and exclamation have a written accent to distinguish them from relative pronouns.

¿**Qué** comes?	*What are you eating?*
La pera que él no comió.	*The pear that he did not eat.*
¿**Quién** está ahí?	*Who is there?*
El hombre a quien tú llamaste.	*The man whom you called.*
¿**Dónde** está?	*Where is he?*
En el lugar donde trabaja.	*At the place where he works.*

5. Words that have the same spelling but different meanings take a written accent to differentiate one from the other.

el	*the*	él	*he, him*	te	*you*	té	*tea*
mi	*my*	mí	*me*	si	*if*	sí	*yes*
tu	*your*	tú	*you*	mas	*but*	más	*more*

Appendix C

Answer Key to the *Crucigramas*

LESSONS 1–5 *Horizontal:* 4. estampillas, 5. nacimiento, 8. norteamericano, 10. padre, 11. despacio, 14. que, 15. ciego, 17. cuántos, 18. alquiler, 20. favor, 21. semana, 23. estado, 27. extranjera, 28. trabajador, 29. nada, 30. entrar. *Vertical:* 1. molde, 2. mamá, 3. bienestar, 6. igual, 7. segura, 9. inmigración, 12. electricidad, 13. certificado, 16. centavos, 19. postal, 22. entrevista, 23. edad, 24. ayudar, 25. ciudadanía, 26. aseguranza.

LESSONS 6–10 *Horizontal:* 4. participas, 7. enfermera, 8. por, 11. contestar, 12. planillas, 14. poco, 16. efectivo, 18. bilingüe, 19. joven, 20. como, 21. menor, 22. medicina, 26. pequeño, 27. trámites, 28. completo, 29. gastos, 32. informar, 33. actual, 34. propia. *Vertical:* 1. trabajo, 2. gracias, 3. mirar, 5. semestre, 6. todo, 9. gratis, 10. reglamento, 13. secundaria, 14. posible, 15. tomar, 17. gente, 23. esposa, 24. ahorros, 25. veces, 30. aceite, 31. préstamo.

LESSONS 11–15 *Horizontal:* 3. ingresos, 8. semana, 9. mienten, 11. cuello, 12. disgustada, 13. partir, 17. atienden, 19. mensual, 22. había, 24. pobres, 25. investigamos, 26. ciento, 27. paliza, 31. dedo, 34. quedarse, 35. último, 36. página, 38. obtiene, 39. ojos, 40. retirarse. *Vertical:* 1. familiar, 2. inmuebles, 4. viene, 5. bañadera, 6. firmar, 7. bebé, 10. embargo, 14. seguido, 15. andador, 16. calentador, 18. jugamos, 19. moretón, 20. garaje, 21. menos, 23. estatal, 28. ancianos, 29. retiro, 30. protectora, 32. terrible, 33. mudarnos, 34. quieto, 37. abuso.

LESSONS 16–20 *Horizontal:* 3. varias, 4. anual, 6. dental, 8. cocina, 10. botiquín, 11. poseo, 14. hospitalizado, 17. telefónica, 20. adolescente, 21. ganancia, 22. drogas, 24. preocupada, 27. trimestre, 28. fósforo, 29. significa, 30. enviamos, 31. Anónimos, 32. inmediatamente, 33. pastilla, 34. capítulo, 37. pulmonía, 38. epidemia, 39. aborto. *Vertical:* 1. limitada, 2. evito, 5. lentes, 6. deudas, 7. jubiladas, 8. cuna, 9. decisión, 11. prohibimos, 12. sacerdote, 13. borracho, 15. automóvil, 16. promete, 18. quemadura, 19. venéreas, 23. cuarto, 25. insecticida, 26. relacionado, 35. alta, 36. iglesia, 37. perdón.

Vocabulary

automóvil (*m.*) car
autopista (*f.*) freeway, expressway
autoridad (*f.*) authority
autorizar to authorize
auxiliar de enfermera (*m., f.*) nurse's aide
ayuda (*f.*) help, aid, assistance
ayuda económica (*f.*) financial aid
ayuda médica (*f.*) medical help
ayudar to help
avenida (*f.*) avenue
averiguar to find out
avión (*m.*) plane
avisar to advise, to warn, to let (someone) know
ayer yesterday
ayudante (*m., f.*) assistant
ayudar to help, to aid
azul blue

B

bajos ingresos (*m.*) low income
banco (*m.*) bank
bañadera (*f.*) bathtub
bañar(se) to bathe
baño (*m.*) bathroom
barbero(-a) barber
barrio (*m.*) neighborhood
bastón (*m.*) cane
bebé baby
beber to drink
bebida (*f.*) drink, beverage
bebito baby
beca (*f.*) scholarship
beneficiario(-a) beneficiary
beneficio (*m.*) benefit
biblioteca (*f.*) library
bicicleta (*f.*) bicycle
bien well
bienes inmuebles (*m.*) real estate
bienes raíces (*m.*) real estate
bilingüe bilingual
billete (*m.*) ticket
blanco(-a) white
boca (*f.*) mouth
boleto (*m.*) ticket
bono (*m.*) bond
borracho(-a) drunk
botella (*f.*) bottle
botiquín (*m.*) medicine chest, first-aid kit
brazo (*m.*) arm
bronquitis (*f.*) bronchitis
bueno(-a) okay, good, well

buscar to look for

C

caber to fit
cabeza (*f.*) head
cadera (*f.*) hip
caerse to fall down
café (*m.*) coffee
calcular to calculate
cálculos (*m.*) stones
　—en la vejiga bladder stones
　—en la vesícula gallstones
calentador (*m.*) heater
calentón (*m.*) heater (*colloq.*)
caliente hot
calmante (*m.*) tranquilizer
calle (*f.*) street
cama (*f.*) bed
cambiar to change
cambio (*m.*) change
caminar to walk
camisa (*f.*) shirt
cancelar to cancel
cansado(-a) tired
casarse (con) to marry, to get married
casi nunca hardly ever
caso (*m.*) case
castigar to punish
cataratas (*f.*) cataracts
catarro (*m.*) cold
cenar to have dinner
centavo (*m.*) cent
centro (*m.*) downtown
cerca (de) near
cerilla (*f.*) match
certificado (*m.*) certificate
certificado de bautismo baptismal certificate
certificado de defunción death certificate
certificado de matrimonio marriage certificate
certificado de nacimiento birth certificate
cerrar (e:ie) to close, to shut
cerveza (*f.*) beer
cicatriz (*f.*) scar
ciego(-a) blind
cierto(-a) certain
cine (*m.*) movie theater
cinto (*m.*) belt
ciudad (*f.*) city
ciudadanía (*f.*) citizenship
ciudadano(-a) citizen
clase (*f.*) kind, type, class
cliente (*m., f.*) client

clínica (*f.*) clinic
cocina (*f.*) kitchen
cocinar to cook
coche (*m.*) car
colitis (*f.*) colitis
comenzar (e:ie) to begin
comer to eat
comida (*f.*) dinner, food, meal
como as, like, since
¡cómo no! of course! certainly!
cómoda (*f.*) chest-of-drawers
compensaciones obreras (*f.*) worker's compensation
completar to complete
completo(-a) complete
complicación (*f.*) complication
comprar to buy
comprender to understand
comprobante (*m.*) voucher, proof
con with
concubinato (*m.*) common-law marriage
condado (*m.*) county
condón (*m.*) condom
conducir to drive
conocer to know
consecutivo(-a) consecutive
conseguir (e:i) to get
consejero(-a) familiar family counselor
consejo (*m.*) advice
consentimiento (*m.*) consent
consistir (en) to consist (of)
consulado (*m.*) consulate
consultar to consult
contacto (*m.*) contact
contador(-a) accountant
contagioso(-a) contagious
contar (o:ue) to count, to tell
contestar to answer
convalesciente (*m., f.*) convalescent
conveniencia (*f.*) convenience
cooperar to cooperate
copia (*f.*) copy
corazón (*m.*) heart
corbata tie
correcto(-a) correct
correo (*m.*) mail, post office
correr to run
cortadura (*f.*) cut
cortar to cut
cosa (*f.*) affair, thing
costar (o:ue) to cost
costo (*m.*) cost
creer to think, to believe
creo que no I do not think so

creo que sí   I think so
crimen (m.)   crime
cruz (f.)   cross, X
cuaderno (m.)   notebook
cuadrado (m.)   square
cuadro (m.)   box
cual   which, what
cualquier(-a)   any
cuando   when
¿cuánto(-a)?   how much?
cuanto antes   as soon as possible
¿cuánto tiempo?   how long?
¿cuántos(-as)?   how many?
cuarto (m.)   room
cubrir   to cover
cucaracha (f.)   cockroach
cuello (m.)   neck
cuenta (f.)   bill, account
cuenta corriente (f.)   checking account
cuenta de ahorros (f.)   savings account
cuestionario (m.)   questionnaire
cuidado (m.)   care
cuidar   to take care of
cuna (f.)   crib
cuñada   sister-in-law
cuñado   brother-in-law
cupón (m.)   coupon
cura (m.)   (Catholic) priest
custodia (f.)   custody

CH

cheque (m.)   check
chequear   to check
chica   girl
chichón (m.)   bump (on the head)
chocar   to collide, to run into

D

dar   to give
dar de alta   to discharge (from the hospital)
dar golpes   to hit
darle vergüenza a uno   to be embarrassed
datos (m.)   information, data
de   of, from, about
de al lado   next door
de nada   you are welcome
¿de quién?   whose
deber   to owe, must
decidir   to decide
decir (e:i)   to say, to tell

decisión (f.)   decision
declaración falsa (f.)   false statement
dedo (m.)   finger
deducciones (f.)   deductions
deducible   deductible
dejar   to let, to allow, to leave (behind)
dejar de   to stop (doing something)
delgado(-a)   thin
demanda (f.)   claim
demás (los, las)   (the) others
demorar   to take (time)
dentadura postiza (f.)   dentures
dental   dental
dentista (m., f.)   dentist
dentro de   in, within
dentro de unos días   within (in) a few days
departamento (m.)   department
Departamento de Bienestar Social (m.)   Welfare Department
Departamento de Salud Pública (m.)   Department of Public Health
Departamento de Sanidad (m.)   Health Department
depender (de)   to depend (on)
depositar   to deposit
derecha (f.)   right (direction)
derecho (m.)   right (law)
derrame cerebral (m.)   stroke
descomponerse   to break
descompuesto(-a)   out of order, broken down
descontar (o:ue)   to deduct
desde   since, from
desear   to wish, to want
desgraciadamente   unfortunately
despacio   slowly
despedir(se) (e:i)   to fire, to say good-bye
despertar(se) (e:ie)   to wake (up)
después (de)   later, afterward
desvestirse (e:i)   to undress
detalle (m.)   detail
detener (conj. like tener)   to stop
detergente (m.)   detergent
deuda (f.)   debt
devolver (o:ue)   to return, to give back
día (m.)   day
diabetes (f.)   diabetes

diagnóstico (m.)   diagnosis
diarrea (f.)   diarrhea
diccionario (m.)   dictionary
diente (m.)   tooth
diferente   different
difícil   difficult, hard
dificultad (f.)   difficulty
dificultad del habla (f.)   speech impediment
dinero (m.)   money
diploma (m.)   diploma
dirección (f.)   address
directamente   directly
director(-a)   principal, director
disciplina (f.)   discipline
disgustado(-a)   upset
disponible   available
distinto(-a)   different
dividendos (m.)   dividends
divorciado(-a)   divorced
divorciarse (de)   to divorce
divorcio (m.)   divorce
doblar   to turn, to fold
doctor(-a)   doctor
documento (m.)   document
dólar (m.)   dollar
dolor (m.)   pain, ache
domicilio (m.)   address
dormitorio (m.)   bedroom
droga (f.)   drug
drogadicto(-a)   drug addict
dudar   to doubt
dueño(-a) de la casa   landlord, landlady
durante   during
durar   to last
duro(-a)   hard, difficult

E

economía (f.)   economy
económico(-a)   financial
edad (f.)   age
edificio (m.)   building
ejemplo (m.)   example
electricidad (f.)   electricity
eléctrico(-a)   electric
elegibilidad (f.)   eligibility
elegible   eligible
elegir (e:i)   to choose, to select
embarazada   pregnant
embolia (f.)   blood clot
emborracharse   to get drunk
emergencia (f.)   emergency
empezar (e:ie)   to begin
empleado(-a)   employee, clerk
empleo (m.)   job

en casa at home
en caso de in case of
en cuanto as soon as
en dinero in cash
en efectivo cash
en mi presencia in front of me
¿en qué puedo servirle? what can I do for you?
en seguida right away
encargado(-a) in charge
encargarse (de) to be in charge (of)
encontrar (o:ue) to find
enchufe de seguridad (*m.*) cover, electrical outlet protector
enfermedad (*f.*) disease, sickness
enfermera visitadora (*f.*) visiting nurse
enfermero(-a) nurse
enfermo(-a) sick, ill
enojado(-a) angry, mad
ensalada (*f.*) salad
entrada (*f.*) income
entrada bruta (*f.*) gross earnings
entrar (en) to go in, to enter
entre between, among
entregar to deliver
entrenamiento (*m.*) training
entrevista (*f.*) interview
entrevistar to interview
entonces then
envenenar(se) to poison (oneself)
enviar to send
epidemia (*f.*) epidemic
error (*m.*) error, mistake
escalera (*f.*) stairs
escoger to choose, to select
escribir to write
escribir a máquina to type
escritorio (*m.*) desk
escritura de la casa (*f.*) deed to the house
escuela elemental (*f.*) elementary school
escuela primaria (*f.*) elementary school
escuela secundaria (*f.*) high school, secondary school
espacio en blanco (*m.*) blank space
espalda (*f.*) back
especial special
especialista (*m., f.*) specialist
especificar to specify

espejuelos (*m.*) eyeglasses
esperar to wait for, to hope, to expect
esposa wife
esposo husband
esquina (*f.*) corner
esta noche tonight
estación (*f.*) station
estado (*m.*) state
estado civil (*m.*) marital status
estación de servicios (*f.*) service station
estampilla (*f.*) stamp
estar de acuerdo to agree
estar seguro(-a) to be sure
estatal state (*adj.*), of or pertaining to the state
estimado (*m.*) estimate
estómago (*m.*) stomach
estuche (*m.*) case, box
estuche de primeros auxilios medicine chest, first-aid kit
estudiante (*m., f.*) student
estufa (*f.*) stove
etiqueta (*f.*) label
evitar to avoid
examen (*m.*) examination
examen de la vista eye examination
examen de testigos witness hearing
examinar to examine
exceder (de) to exceed
excepción (*f.*) exception
excepto except
excusado (*m.*) bathroom
explicar to explain
extra extra
extranjero(-a) foreign

F

fácil easy
faltar a not to be present, to miss
fallecido(-a) deceased
familia (*f.*) family
farmacia (*f.*) pharmacy
favor de please
fecha (*f.*) date
federal federal
feliz happy
femenino(-a) feminine
fiesta (*f.*) party
fijo(-a) fixed
fin (*m.*) end
fin de semana weekend
firma (*f.*) signature

firmar to sign
físico(-a) physical
formar to form
fotocopia (*f.*) photocopy
fotografía (*f.*) photograph
fósforo (*m.*) match
fractura (*f.*) fracture
frecuentemente frequently, often
frío(-a) cold
fuente (*f.*) source
fuente de ingreso income source
funerario(-a) funeral

G

gafas (*f.*) eyeglasses
ganancia (*f.*) earning
ganar to earn
garaje (*m.*) garage
garganta (*f.*) throat
gas (*m.*) gas
gasolina (*f.*) gasoline
gasolinera (*f.*) gas station
gastar to spend (*i.e.,* money)
gasto (*m.*) expense
gatear to crawl
generalmente generally
gente (*f.*) people
gerente (*m., f.*) manager
gobierno (*m.*) government
gonorrea (*f.*) gonorrhea
gotear to leak
gracias thanks
grande big, large
gratis free
grave serious
gripe (*f.*) influenza
guardería (*f.*) nursery
guía telefónica (*f.*) telephone book
gustar to be pleasing, to like

H

había there was
habitación (*f.*) room
hablar to speak, to talk
hacer to do, to make
hacia abajo down, downward
hasta up to, even, until
hasta luego see you later
helado(-a) ice, iced
herencia (*f.*) inheritance
herida (*f.*) wound
hermana sister
hermano brother

hígado (*m.*) liver
hija daughter
hijo son
hijos children
hinchazón (*f.*) bump
hipertensión (*f.*) hypertension, high blood pressure
hipoteca (*f.*) mortgage
historia clínica (*f.*) medical history
hogar (*m.*) home
hogar de crianza (*m.*) foster home
hoja (*f.*) sheet (of paper)
hombre (*m.*) man
hora (*f.*) hour
horno (*m.*) oven
hospital (*m.*) hospital
hotel (*m.*) hotel
hoy today
huelga (*f.*) strike

I

idea (*f.*) idea
identificación (*f.*) identification
idioma (*m.*) language
iglesia (*f.*) church
igual the same, equal
ilegal illegal
importante important
impuesto (*m.*) tax
impuesto sobre la propiedad property taxes
incapacidad (*f.*) disability
incapacitado(-a) incapacitated, handicapped, disabled
incesto (*m.*) incest
incluir to include
infectar to infect
inflación (*f.*) inflation
información (*f.*) information
informar to inform, to notify
informe (*m.*) report
ingresar to be admitted (*i.e.,* to a hospital)
inglés (*m.*) English (language)
ingresos (*m.*) income, earnings, revenue
inicial (*f.*) initial
iniciar to start, to initiate
inmediatamente immediately
inmigración (*f.*) immigration
inmigrante (*m., f.*) immigrant
insecticida (*m.*) insecticide
inspector(-a) inspector
instrucción (*f.*) instruction
intensivo(-a) intensive

interés (*m.*) interest
inversión (*f.*) investment
investigar to investigate
invierno (*m.*) winter
ir de compras to go shopping
ir y venir to commute
izquierda (*f.*) left

J

jabón (*m.*) soap
jamás never
jefe(-a) boss, chief
jefe de familia (*m.*) head of household
joven young
jubilación (*f.*) retirement, pension
jubilado(-a) retired
jubilarse to retire
juez (*m., f.*) judge
jugar to play (a game)
junta (*f.*) meeting
juntos(-as) together
justo(-a) fair
juzgado (*m.*) courthouse

L

laboratorio (*m.*) laboratory
ladrón(-ona) thief, burglar
lápiz (*m.*) pencil
lastimarse to get hurt
leche (*f.*) milk
leer to read
legal legal
lejía (*f.*) bleach
lengua (*f.*) language, tongue
lentes eyeglasses
lentes de contacto (*m.*) contact lenses
lento(-a) slow
lesión (*f.*) injury
letra de molde (*f.*) print, printed letter
libertad condicional probation
libertad bajo fianza out on bail
libreta de ahorros (*f.*) savings passbook
libro (*m.*) book
licencia (*f.*) license
licencia para conducir driver's license
limitado(-a) limited
limpiar to clean (out)
limpieza (*f.*) cleaning
líquido (*m.*) liquid
lista (*f.*) list

lo más pronto posible as soon as possible
lugar (*m.*) place
luz (*f.*) light

LL

llamar to call
llegar to arrive
llenar to fill out
llevar to take (someone or something somewhere)
llevarse bien to get along well
llorar to cry
llover (o:ue) to rain
lluvia (*f.*) rain

M

madera (*f.*) wood
madrastra stepmother
madre mother
maestro(-a) teacher
mal badly
maleta (*f.*) suitcase
malo(-a) bad
maltratar to abuse, to mistreat
maltrato (*m.*) abuse
mamá mom
mandar to send
mano (*f.*) hand
mantener (*conj. like* **tener**) to support
mañana tomorrow, morning
máquina de escribir (*f.*) typewriter
marca (*f.*) mark
marcar to mark
marido husband
más o menos more or less
matar to kill
matrícula (*f.*) registration
matricularse to register (for school)
matrimonio (*m.*) marriage
mayor largest, larger, older, oldest
mecánico(-a) mechanic
medicina (*f.*) medicine
médico(-a) doctor, M.D.
médico(-a) medical
medir (e:i) to measure
mejor better, best
mejorar to improve
menor younger, youngest, smaller, smallest
menos less
mensual monthly

mensualmente monthly
mentir (e:ie) to lie, to tell a lie
mercado (*m.*) market
mes (*m.*) month
mesa (*f.*) table
miembro (*m.*) member
mientras while
mientras tanto in the meantime
milla (*f.*) mile
ministro(-a) minister
mirar to look at
mismo(-a), lo mismo same, the same thing
mitad (*f.*) half
mojar(se) to wet, to get wet
momento (*m.*) moment
morado (*m.*) bruise
moretón (*m.*) bruise
morir (o:ue) to die
mover (o:ue) to move
muchas veces many times
muchacha girl
muchacho boy
mucho gusto How do you do, a pleasure
mudarse to move (*i.e.,* from one house to another)
mudo(-a) mute
muebles (*m.*) furniture
muela (*f.*) molar
muerto(-a) deceased
mujer woman, wife
muy very

N

nacimiento (*m.*) birth
nacionalidad (*f.*) nationality
nada nothing
nadar to swim
nadie nobody
nariz (*f.*) nose
necesidad (*f.*) need, necessity
necesitar to need
negocio (*m.*) business
negro(-a) black
nervios (*m.*) nerves
neto(-a) net
nevar (e:ie) to snow
nieta granddaughter
nieto grandson
ningún lado nowhere
niño(-a) child
no importa it doesn't matter
noche (*f.*) night, evening
nombre (*m.*) name
norteamericano(-a) American

notar to notice
notificar to indicate, to notify
novio(-a) boyfriend, girl friend
nuera daughter-in-law
nuevo(-a) new
número (*m.*) number
nunca never

O

o or
objeto (*m.*) object
obrero(-a) worker, laborer
obtener (*conj. like* **tener**) to obtain, to get
ocupación (*f.*) occupation
ocupado(-a) busy
oficina (*f.*) office
oficina de correos (*f.*) post office
oficio (*m.*) trade
oído (*m.*) ear
ojo (*m.*) eye
olvidarse (de) to forget
ómnibus (*m.*) bus
operarse to have surgery
organización (*f.*) organization
original original
ortopédico(-a) orthopedic
otra vez again
otro(-a) other, another

P

paciente externo(-a) outpatient
paciente interno(-a) inpatient
padrastro stepfather
padre father, (Catholic) priest
padres (*m.*) parents
padres de crianza foster parents
pagar to pay
página (*f.*) page
pago (*m.*) payment
pago de manutención support payment
pago de seguridad de ingreso suplementario supplemental income security payment
país (*m.*) country, nation
país de origen (*m.*) national origin
pálido(-a) pale
paliza (*f.*) spanking
pantalones (*m.*) pants
papá dad
papel (*m.*) paper
para to, in order to, for

¿para qué? what for?
paralítico(-a) crippled, paralyzed
paramédico (*m., f.*) paramedic
pararse to stand up
pared (*f.*) wall
pareja (*f.*) couple
parentesco (*m.*) relationship
pariente (*m., f.*) relative
parroquia (*f.*) parish
parroquial parochial
parte (*f.*) part
participar to take part, to participate
pasado(-a) past
pasado mañana the day after tomorrow
pasaje (*m.*) ticket
pasaporte (*m.*) passport
pasar to spend (time), to happen
pastilla (*f.*) pill
patio (*m.*) backyard
patrón, patrona boss
pecho (*m.*) chest
pedir (e:i) to ask for, to request
pegar to hit, to strike
peligroso(-a) dangerous
pelota (*f.*) ball
pena (*f.*) penalty
penalidad (*f.*) penalty
pensar (e:ie) to think, to plan
pensión (*f.*) pension
pensión alimenticia (*f.*) alimony
peor worse, worst
pequeño(-a) small, (*n.*) young (child)
perder (e:ie) to lose, to miss
perdón pardon me, excuse me
periódico (*m.*) newspaper
perjudicar to hurt, to cause damage
permanente permanent
permiso (*m.*) permission
permitido(-a) allowable
persona (*f.*) person
personal personal
personalmente in person
personas (*f.*) people
pie (*m.*) foot
pierna (*f.*) leg
píldora (*f.*) pill
pinta (*f.*) pint
pintura (*f.*) paint
plancha (*f.*) iron
planilla (*f.*) form

plástico (*m.*) plastic
plazo (*m.*) term
pleito (*m.*) lawsuit
plomero (*m.*) plumber
pluma (*f.*) pen
pneumonía (*f.*) pneumonia
pobre poor
poco(-a) little (*ref. to quantity*)
pocos(-as) few
poder (o:ue) to be able to
policía (*f.*) police
póliza (*f.*) policy
poner to put
ponerse to put on
ponerse azul to turn blue
ponerse en contacto to get in touch
por ciento percent
por correo by mail
por culpa de because of
por desgracia unfortunately
por eso that's why, for that reason
por lo menos at least
¿por qué? why?
por suerte luckily
por todo for everything
porque because
portarse to behave
portarse mal to misbehave
poseer to own
posibilidad (*f.*) possibility
posible possible
precio (*m.*) price
preferir (e:ie) to prefer
pregunta (*f.*) question
preguntar to ask, to inquire
preocupado(-a) worried
preocuparse to worry
preparar to prepare
presentar to present
presión alta (*f.*) hypertension, high blood pressure
preso(-a) prisoner
préstamo (*m.*) loan
prestar to lend
prima básica (*f.*) basic premium
primero(-a) first
primeros auxilios (*m.*) first aid
primo(-a) cousin
principal main, principal
privado(-a) private
problema (*m.*) problem
profesión (*f.*) profession
profundo(-a) deep
programa (*m.*) program
prohibir to forbid, to prohibit

promesa (*f.*) promise
prometer to promise
pronto soon
propiedad (*f.*) property
propio(-a) own
protección (*f.*) protection
provenir (*conj. like* **venir**) to come, to derive
próximo(-a) next
proyecto (*m.*) project
prueba (*f.*) proof
puerta (*f.*) door
pues because, for, since
puesto (*m.*) position, job
pulmón (*m.*) lung
pulmonía (*f.*) pneumonia
puño (*m.*) fist

Q

que what, which, who, that
qué lástima what a pity, too bad
¿qué más? what else?
¡qué suerte! how fortunate!, what luck!
¿qué tal? how is it going?
quedar to be located; to remain, to stay
quedarse to stay
quedarse sordo(-a) to go deaf
quehaceres del hogar (*m.*) housework, housekeeping
quejarse to complain
quemadura (*f.*) burn
quemar(se) to burn (oneself)
querer (e:ie) to want, to love
querer decir to mean
quieto(-a) still
quiropráctico(-a) chiropractic
quitar to take away
quitarse to take off
quizá, quizás maybe, perhaps

R

radiografía (*f.*) X-ray
rápido(-a) fast
ratón (*m.*) mouse
recámara (*f.*) (*Méx.*) bedroom
recepcionista (*m., f.*) receptionist
recetar to prescribe
recibir to receive
recibo (*m.*) receipt
reciente recent
reclamación (*f.*) claim

recomendar (e:ie) to recommend
reconciliación (*f.*) reconciliation
recordar (o:ue) to remember
recordatorio (*m.*) reminder
recurso (*m.*) resource
re-evaluar to reevaluate
reformatorio (*m.*) reformatory
refrigerador (*m.*) refrigerator
regalo (*m.*) present, gift
reglamento (*m.*) rule, regulation
regresar to return, to go (come) back
regularmente regularly
rehabilitación (*f.*) rehabilitation
relación sexual (*f.*) sexual relations
relacionado(-a) related
renta (*f.*) revenue, profit, rent
rentar to rent (*colloq.*)
reparación (*f.*) repair
requerido(-a) required
resbalar to slip
resfrío (*m.*) cold
residente (*m., f.*) resident
resolver (o:ue) to solve
responsable responsible
resto (*m.*) rest, remainder
resultado result
retirado(-a) retired
retirarse to retire
retiro (*m.*) retirement
reumatismo (*m.*) rheumatism
revisar to examine, to check
revólver (*m.*) revolver
riñón (*m.*) kidney
rodilla (*f.*) knee
rojo(-a) red
ropa (*f.*) clothes, clothing
rosado(-a) pink
rutina (*f.*) routine

S

sábana (*f.*) sheet
saber to know
sacerdote (*m.*) priest
sala (*f.*) living room
sala de estar (*f.*) family room, den
salir to get out, to leave
saltar to jump
salud (*f.*) health
sangre (*f.*) blood

sección (*f.*) section
secretario(-a) secretary
sedativo (*m.*) tranquilizer
seguido frequently, often
seguir (e:i) to follow, to continue
segundo(-a) second
segundo nombre (*m.*) middle name
seguro (*m.*) insurance
seguro(-a) sure, safe
seguro de vida (*m.*) life insurance
seguro ferroviario (*m.*) railroad insurance
seguro social (*m.*) social security
semana (*f.*) week
semanal weekly
semestre (*m.*) semester
semiprivado(-a) semiprivate
sentarse (e:ie) to sit
sentirse (e:ie) to feel
separado(-a) separated
servicio (*m.*) service
servicio activo (*m.*) active duty
servicio militar (*m.*) military service
sexo (*m.*) sex
si if
sí yes
siempre always
sífilis (*f.*) syphilis
significar to mean
siguiente following
silla (*f.*) chair
silla de ruedas (*f.*) wheelchair
sin without
sin embargo however
sin falta without fail
sin firmar unsigned
sindicato (*m.*) union
sistema (*m.*) system
situación (*f.*) situation
sobre about, on
sobre todo above all, especially
sobrevivir to survive
sobrina niece
sobrino nephew
sofá (*m.*) sofa
sol (*m.*) sun
solamente only
solicitante (*m., f.*) applicant
solicitar to apply
solicitud (*f.*) application
solo(-a) alone
sólo (*adv.*) only
soltero(-a) single

sopa (*f.*) soup
sordo(-a) deaf
suegra mother-in-law
suegro father-in-law
sueldo (*m.*) salary
suficiente sufficient, enough
supervisor(-a) supervisor
sugerir (e:ie) to suggest
suicidarse to commit suicide
superviviente (*m., f.*) survivor
suplementario(-a) supplemental

T

talonario de cheques (*m.*) checkbook
también also
tampoco neither
tan pronto como as soon as
tantos(-as) so many
tapar to cover, to block
tarde late
tarjeta (*f.*) card
tarjeta de seguro social (*f.*) social security card
techo (*m.*) roof
teléfono (*m.*) telephone
televisión (*f.*) television
tensión familiar (*f.*) family tension
terapia física (*f.*) physical therapy
terminar to end, to finish
termómetro (*m.*) thermometer
terrible terrible
testamento (*m.*) will
testigo (*m., f.*) witness
tía aunt
tiempo (*m.*) time
tiempo completo (*m.*) full time
tienda (*f.*) store
tinta (*f.*) ink
tío uncle
tipo (*m.*) type
tobillo (*m.*) ankle
todavía still
todo(-a) all, everything
todo el día all day long
tomacorrientes (*m.*) socket, electrical outlet
tomar to drink, to take
total (*m.*) total
trabajador(-a) agrícola farm worker
trabajador(-a) social social worker
trabajar to work

trabajo (*m.*) work, job
trabajo de la casa (*m.*) housework
traducción (*f.*) translation
traducir to translate
traductor(-a) translator
traer to bring
tragar(se) to swallow
traje (*m.*) suit
trámites (*m.*) proceedings
transfusión (*f.*) blood transfusion
transportación (*f.*) transportation
transporte (*m.*) transportation
tratamiento (*m.*) treatment
tratar to treat
tratar (de) to try
travieso(-a) mischievous
trimestre (*m.*) quarter (three months)
tumor (*m.*) tumor
tutor(-a) guardian

U

últimamente lately
último(-a) last
un poco de a little, some
único, lo único only, the only thing
universidad (*f.*) university
unos about, some
urgente urgent
usar to use
uso (*m.*) use
útil useful

V

vacaciones (*f.*) vacation
vacunar to vaccinate
valor (*m.*) value
varios(-as) several
vecino(-a) neighbor
velocidad (*f.*) speed
vendaje (*m.*) bandage
vender to sell
venéreo(-a) venereal
venir to come
ventana (*f.*) window
ver to see
verano (*m.*) summer
verdad (*f.*) truth
verdadero(-a) true, real
verde green
verificar to verify
vestido (*m.*) dress

vestirse (e:i) to get dressed
veterano(-a) (*m., f.*) veteran
vez (*f.*) time (*in a series*)
viajar to travel
vida (*f.*) life
vidrio (*m.*) glass
viejo(-a) old
vino (*m.*) wine
virar to turn over

visa (*f.*) visa
visitar visit
vista (*f.*) sight
viuda widow
viudo widower
vivir to live
vocacional vocational
volar (o:ue) to fly
vuelo (*m.*) flight

Y

ya already
ya no no longer
yerno son-in-law

Z

zapato (*m.*) shoe
zona postal (*f.*) zip code

A

a (per) month   al mes
a while later   al rato
abortion   aborto (*m.*)
about   acerca de, sobre, unos… de
above   sobre
absent   ausente
abuse   maltrato (*m.*), maltratar
accident   accidente (*m.*)
account   cuenta (*f.*)
accountant   contador(-a)
ache   dolor (*m.*)
active duty   servicio activo (*m.*)
address   dirección (*f.*), domicilio (*m.*)
administrator   administrador(-a)
adult   adulto(-a)
advice   consejo (*m.*)
advise   aconsejar
affair   cosa (*f.*)
affect   afectar
after   después de
afterward   después
again   otra vez
age   edad (*f.*)
aged   anciano(-a)
agency   agencia (*f.*)
agree   estar de acuerdo
aid   ayuda (*f.*)
airport   aeropuerto (*m.*)
alcoholic   alcohólico(-a)
Alcoholics Anonymous   Alcohólicos Anónimos
alien registration card   tarjeta (*f.*) de inscripción de extranjeros
alimony   pensión (*f.*) alimenticia
all   todo(-a)
all day long   todo el día
allow   dejar, permitir
allowable   permitido(-a)
alone   solo(-a)
already   ya
also   también
always   siempre
ambulance   ambulancia (*f.*)
American   norteamericano(-a)
among   entre
amount   cantidad (*f.*)
angry   enojado(-a)
ankle   tobillo (*m.*)
annuity   anualidad (*f.*)

another   otro(-a)
answer   contestar
any   cualquier(-a), alguno(-a)
apartment   apartamento (*m.*)
appear   aparecer
applicant   solicitante (*m., f.*)
application   solicitud (*f.*)
apply   solicitar
approval   aprobación (*f.*)
arm   brazo (*m.*)
arrange   arreglar
arrangement   arreglo (*m.*)
arrest   arrestar
arrive   llegar
arthritis   artritis (*f.*)
article   artículo (*m.*)
as   como
as soon as   tan pronto como
as soon as possible   lo más pronto posible, cuanto antes
ask (a question)   preguntar
ask for   pedir (e:i)
aspirin   aspirina (*f.*)
assistance   ayuda (*f.*)
assistant   ayudante (*m., f.*)
at home   en casa
at least   por lo menos
at present   ahora
at the beginning   a partir de
at the bottom of the page   al pie de la página
attend   asistir (a)
aunt   tía
authority   autoridad (*f.*)
authorize   autorizar
automatically   automáticamente
automobile   automóvil (*m.*)
available   disponible
avenue   avenida (*f.*)
avoid   evitar

B

baby   bebé, bebito (*m.*)
back   espalda (*f.*)
backyard   patio (*m.*)
badly   mal
bail   fianza (*f.*)
ball   pelota (*f.*)
bandage   vendaje (*m.*)
bank   banco (*m.*)
baptismal certificate   certificado (*m.*) de bautismo
barber   barbero(-a)
basic premium   prima (*f.*) básica
bathe   bañar(se)

bathroom   baño, excusado (*m.*)
bathtub   bañadera (*f.*)
be admitted (*i.e.,* **to a hospital**)   ingresar
be embarrassed   darle vergüenza a uno
be enough   alcanzar
be in charge (of)   encargarse (de)
be sure   estar seguro(-a)
be___years old   tener___años
because   porque
because of   por culpa de
bed   cama (*f.*)
bedroom   dormitorio (*m.*), recámara (*f.*) (*Méx.*)
beer   cerveza (*f.*)
before   antes, anteriomente
begin   comenzar (e:ie), empezar (e:ie)
behave   comportarse
believe   creer
belt   cinto (*m.*)
beneficiary   beneficiario(-a)
benefit   beneficio (*m.*)
besides   además (de)
best   mejor (*superlative*)
better   mejor (*comparative*)
between   entre
bicycle   bicicleta (*f.*)
big   grande
bilingual   bilingüe
bill   cuenta (*f.*)
birth   nacimiento (*m.*)
birth certificate   ceritificado (*m.*) de nacimiento
black   negro(-a)
blank space   espacio (*m.*) en blanco
bleach   lejía (*f.*)
blind   ciego(-a)
blood   sangre (*f.*)
blood transfusion   transfusión (*f.*) de sangre
blouse   blusa (*f.*)
blue   azul
bond   bono (*m.*)
book   libro (*m.*)
boss   patrón(-ona), jefe(-a)
bottle   botella (*f.*)
box   cuadro (*m.*)
boy   niño, muchacho
boyfriend   novio
break   descomponerse, romper
bring   traer
bronchitis   bronquitis (*f.*)
brother   hermano
brother-in-law   cuñado

bruise moretón (*m.*), morado (*m.*)
building edificio (*m.*)
bump chichón (*m.*), hinchazón (*f.*)
burn quemadura (*f.*), quemar(se)
bus autobús (*m.*), ómnibus (*m.*), camión (*m.*) (*Mex.*)
business negocio (*m.*)
busy ocupado(-a)
buy comprar
by mail por correo

C

calculate calcular
call llamar
cancel cancelar
cane bastón (*m.*)
car coche (*m.*), carro (*m.*), automóvil (*m.*), auto (*m.*)
care cuidado (*m.*)
careful cuidadoso(-a)
carpet alfombra (*f.*)
case caso (*m.*)
cash en efectivo
cataracts cataratas (*f.*)
cause damage perjudicar
cent centavo (*m.*)
certain cierto(-a)
certainly cómo no
certificate certificado (*m.*), partida (*f.*)
chair silla (*f.*)
change cambio (*m.*), cambiar
chapter capítulo (*m.*)
check revisar
check cheque (*m.*)
checking account cuenta corriente (*f.*)
chest pecho (*m.*)
chest-of-drawers cómoda (*f.*)
chief jefe(-a)
child niño(-a)
children niños, hijos
chiropractor quiropráctico
choose escoger, elegir (e:i)
church iglesia (*f.*)
citizen ciudadano(-a)
citizenship ciudadanía (*f.*)
city ciudad (*f.*)
claim reclamación (*f.*), demanda (*f.*), demandar
clean limpiar
cleaning limpieza (*f.*)
clerk empleado(-a)

client cliente(-a)
clinic clínica (*f.*)
close cerrar (e:ie)
clothes ropa (*f.*)
clothing ropa (*f.*)
cockroach cucaracha (*f.*)
coffee café (*m.*)
cold catarro (*m.*), resfrío (*m.*)
colitis colitis (*f.*)
collide chocar
come venir, provenir
commit suicide suicidarse
common-law marriage concubinato (*m.*)
commute ir y venir
complain quejarse
complete completo(-a), completar
complication complicación (*f.*)
condom condón (*m.*)
consecutive consecutivos(-as), seguidos(-as)
consent consentimiento (*m.*)
consist (of) consistir (en)
consulate consulado (*m.*)
consult consultar
contact contacto (*m.*)
contact lenses lentes (*m.*) de contacto
contagious contagioso(-a)
continue continuar, seguir (e:i)
contract contrato (*m.*)
convalescent convalesciente (*m., f. adj.* and *m., f. noun*)
convenience conveniencia (*f.*)
cook cocinar
cooperate cooperar
copy copia (*f.*)
corner esquina (*f.*)
correct correcto(-a)
cost costo (*m.*), costar (o:ue)
count contar (o:ue)
country país (*m.*)
county condado (*m.*)
couple pareja (*f.*)
coupon cupón (*m.*)
courthouse juzgado (*m.*)
cousin primo(-a)
cover enchufe (*m.*) de seguridad, tapar
crawl gatear
crib cuna (*f.*)
crime crimen (*m.*)
crippled paralítico(-a)
cross cruz (*f.*)
cry llorar
current actual
custody custodia (*f.*)

customer cliente(-a)
cut cortadura (*f.*), cortar

D

dad papá
dangerous peligroso(-a)
data datos (*m.*)
date fecha (*f.*)
date of birth fecha (*f.*) de nacimiento
daughter hija
daughter-in-law nuera
day día (*m.*)
deaf sordo(-a)
death muerte (*f.*)
death certificate certificado (*m.*) de defunción
debt deuda (*f.*)
deceased muerto(-a), fallecido(-a)
decide decidir
decision decisión (*f.*)
deduct descontar (o:ue)
deductible deducible
deductions deducciones (*f.*)
deed escritura (*f.*) de la casa
deep profundo(-a)
deliver entregar
den sala de estar (*f.*)
dental dental
dentist dentista (*m., f.*)
dentures dentadura (*f.*) postiza
department departamento (*m.*)
Department of Public Health Departamento de Salud Pública
depend (on) depender (de)
deposit depositar
derive provenir
desk escritorio (*m.*)
detail detalle (*m.*)
detergent detergente (*m.*)
diabetes diabetes (*f.*)
diagnosis diagnóstico (*m.*)
diarrhea diarrea (*f.*)
dictionary diccionario (*m.*)
die morir (o:ue), fallecer
different diferente
difficult difícil, duro(-a)
difficulty dificultad (*f.*)
dining room comedor (*m.*)
dinner comida (*f.*)
diploma diploma (*m.*)
directly directamente
director director(-a)
disability incapacidad (*f.*)
disabled incapacitado(-a)

discharge (from the hospital) dar de alta

discipline disciplina (*f.*)

disease enfermedad (*f.*)

dividends dividendos (*m.*)

divorce divorcio (*m.*), divorciarse (de)

divorced divorciado(-a)

do hacer

doctor (M.D.) doctor(-a), médico(-a)

document documento (*m.*)

dollar dólar (*m.*)

door puerta (*f.*)

down hacia abajo

downtown centro (*m.*)

downward hacia abajo

dress vestido (*m.*)

drink bebida (*f.*), beber, tomar

drive conducir, manejar

driver's license licencia para conducir (manejar)

drug droga (*f.*)

drug addict drogadicto(-a)

drunk borracho(-a)

during durante

E

ear oído (*m.*)

early antes, temprano

earn ganar

earning ganancia (*f.*)

earnings ingresos (*m.*)

easy fácil

eat comer

economy economía (*f.*)

electric eléctrico(-a)

electrical appliance aparato (*m.*) eléctrico

electrical outlet tomacorrientes (*m.*)

electrical outlet protector enchufe (*m.*) de seguridad

electricity electricidad (*f.*)

elementary school escuela elemental, escuela primaria (*f.*)

eligibility elegibilidad (*f.*)

eligible elegible

emergency emergencia (*f.*)

employee empleado(-a)

end fin (*m.*), terminar

enough suficiente, bastante

enter entrar

epidemic epidemia (*f.*)

error error (*m.*)

estimate estimado (*m.*)

even hasta

evening noche (*f.*), tardecita (*f.*)

ever alguna vez

every day todos los días

everything todo(-a)

examination examen (*m.*)

examine examinar, revisar

example ejemplo (*m.*)

exceed exceder (de)

except excepto

exception excepción (*f.*)

expense gasto (*m.*)

expire vencer

explain explicar

extra extra

eye ojo (*m.*)

eye examination examen (*m.*) de la vista

eyeglasses lentes (*m.*), gafas (*f.*), espejuelos (*m.*), anteojos (*m.*)

F

face cara (*f.*)

fair justo(-a)

fall down caerse

false statement declaración (*f.*) falsa

family familia (*f.*)

family counselor consejero(-a) familiar

family room sala (*f.*) de estar

family tension tensión (*f.*) familiar

farm worker trabajador(-a) agrícola

fast rápido(-a)

father padre, papá

father-in-law suegro

federal federal

feed alimentar

feel sentirse (e:ie)

feminine femenino(-a)

few pocos(-as)

fill out llenar

financial económico(-a)

financial aid ayuda (*f.*) económica

find encontrar (o:ue), hallar

find out averiguar

finger dedo (*m.*)

finish terminar

fire despedir (e:i)

first primero(-a)

first aid primeros (*m.*) auxilios

first-aid kit estuche (*m.*) de primeros auxilios, botiquín (*m.*)

fiscal year año (*m.*) fiscal

fist puño (*m.*)

fix arreglar

fixed fijo(-a)

flight vuelo (*m.*)

floor piso (*m.*)

flu influenza (*f.*), gripe (*f.*)

fly volar (o:ue)

follow seguir (e:i)

following siguiente

food alimento (*m.*), comida (*f.*)

foot pie (*m.*)

for para, por, pues

for everything por todo

for that reason por eso

forbid prohibir

foreign extranjero(-a)

forget olvidarse (de)

form planilla (*f.*), forma (*f.*)

foster home hogar (*m.*) de crianza

foster parents padres (*m.*) de crianza

fracture fractura (*f.*)

free gratis

freeway autopista (*f.*)

frequently frecuentemente, seguido

friend amigo(-a)

from de

full time tiempo (*m.*) completo

funeral funerario(-a)

furniture muebles (*m.*)

G

garage garaje (*m.*)

gas gas (*m.*), gasolina (*f.*)

gasoline gasolina (*f.*)

generally generalmente

get obtener, conseguir (e:ie)

get along well llevarse bien

get dressed vestirse (e:ie)

get drunk emborracharse

get hurt lastimarse

get in touch ponerse en contacto

get married casarse (con)

get out salir

get scared asustarse

get wet mojarse

gift regalo (*m.*)

girl niña, muchacha, chica

girl friend novia

give dar
go around andar
go (come) back regresar, volver (o:ue)
go deaf quedarse sordo(-a)
go in entrar (en)
go shopping ir de compras
gonorrhea gonorrea (*f.*)
good bueno(-a)
government gobierno (*m.*)
granddaughter nieta
grandfather abuelo
grandmother abuela
grandson nieto
green verde
gross earnings entrada (*f.*) bruta
guardian tutor(-a)

H

half mitad (*f.*), medio(-a)
hand mano (*f.*)
handicapped incapacitado(-a)
happen pasar, suceder, ocurrir
happy feliz
hard duro(-a), difícil
have surgery operarse
head cabeza (*f.*)
head of household jefe (*m.*) de la familia
health salud (*f.*)
Health Department Departamento (*m.*) de Sanidad
hearing aid audífono (*m.*)
heart corazón (*m.*)
heart attack ataque (*m.*) al corazón
heater calentador, calentón (*Méx.*) (*m.*)
help ayuda (*f.*), ayudar
here aquí
high blood pressure hipertensión, presión alta (*f.*)
high school escuela (*f.*) secundaria
hip cadera (*f.*)
hit pegar, dar golpes
home hogar (*m.*)
hope esperanza (*f.*), esperar
hospital hospital (*m.*)
hospitalized hospitalizado(-a)
hot caliente (*m., f. adj.*)
hotel hotel (*m.*)
hour hora (*f.*)
house casa (*f.*)
housecleaning limpieza (*f.*) de la casa

housekeeper empleado(-a) doméstico(-a)
housekeeping quehaceres (*m.*) del hogar
housewife ama de casa
housework trabajos (*m.*) de la casa
how fortunate! ¡qué suerte!
how long? ¿cuánto tiempo?
how many? ¿cuántos(-as)?
how much? ¿cuánto(-a)?
how is it going? ¿qué tal?
however sin embargo
hurt perjudicar
husband esposo, marido
hypertension hipertensión, presión (*f.*) alta

I

I do not think so creo que no
I think so creo que sí
ice hielo (*m.*)
iced helado(-a)
idea idea (*f.*)
identification identificación (*f.*)
if si
illegal ilegal
immediately inmediatamente
immigrant inmigrante (*m., f.*)
immigration inmigración (*f.*)
important importante
improve mejorar
in dentro de
in case of en caso de
in cash en dinero, en efectivo
in front of me en mi presencia
in order to para
inpatient paciente (*m., f.*) interno(-a)
in person personalmente
in the meantime mientras tanto
incapacitated incapacitado(-a)
incest incesto (*m.*)
include incluir
income entrada (*f.*), ingresos (*m.*)
income source fuente (*f.*) de ingreso
indicate notificar
infect infectar
inflation inflación (*f.*)
influenza gripe (*f.*), influenza (*f.*)
inform informar
information información (*f.*), datos (*m.*)
inheritance herencia (*f.*)

initial inicial (*f.*)
initiate iniciar
injury lesión (*f.*)
ink tinta (*f.*)
insecticide insecticida (*m.*)
inside adentro
inspector inspector(-a)
instruction instrucción (*f.*)
insurance seguro (*m.*) aseguranza (*f.*) (*colloq.*)
intensive intensivo(-a)
interest interés (*m.*)
interview entrevista (*f.*), entrevistar
investigate investigar
investment inversión (*f.*)
iron plancha (*f.*), planchar
it doesn't matter no importa

J

jail cárcel (*f.*), prisión (*f.*)
job empleo, trabajo (*m.*)
judge juez (*m., f.*)
jump saltar

K

kidney riñón (*m.*)
kill matar
kind clase (*f.*), tipo (*m.*)
kitchen cocina (*f.*)
kitchen sink fregadero (*m.*)
knee rodilla (*f.*)
know conocer, saber

L

label etiqueta (*f.*)
laboratory laboratorio (*m.*)
laborer obrero(-a)
landlady dueña de la casa
landlord dueño de la casa
language idioma (*m.*), lengua (*f.*)
last último(-a), durar
last night anoche (*adv.*)
late tarde
lately últimamente
later después, más tarde
lawsuit pleito (*m.*)
lawyer abogado(-a)
leak gotera (*f.*), gotear
learn aprender
leave salir, dejar, irse
left izquierda (*f.*)
leg pierna (*f.*)
legal legal

lend prestar
let dejar, permitir
let (someone) know avisar
let's see a ver
letter carta (*f.*), letra (*f.*)
license licencia (*f.*)
lie mentira (*f.*), mentir (e:ie)
life vida (*f.*)
life insurance seguro (*m.*) de vida
light luz (*f.*)
like como, gustar
like this así
like that así
limited limitado(-a)
liquid líquido (*m.*)
list lista (*f.*)
little (*ref. to quantity*) poco(-a)
live vivir
liver hígado (*m.*)
living room sala (*f.*)
loan préstamo (*m.*)
look (at) mirar
look (for) buscar
lose perder (e:ie)
low income (de) bajos ingresos
luckily por suerte
lung pulmón (*m.*)

M

mad enojado(-a), loco(-a)
maiden name apellido (*m.*) de soltera
main principal
make hacer
man hombre
manager gerente (*m.*)
many times muchas veces
marital status estado (*m.*) civil
mark marca (*f.*), marcar
market mercado (*m.*)
marriage matrimonio (*m.*)
marriage certificate certificado (*m.*) de matrimonio
marry casarse (con)
match fósforo (*m.*), cerilla (*f.*)
maximum amount cantidad (*f.*) límite
maybe a lo mejor, quizá, quizás
meal comida (*f.*)
mean significar, querer decir
mechanic mecánico (*m.*)
medical médico(-a)
medical help ayuda (*f.*) médica
medical history historia (*f.*) clínica

medicine medicina (*f.*)
medicine chest estuche (*m.*) de primeros auxilios, botiquín (*m.*)
member miembro (*m.*)
middle name segundo nombre (*m.*)
mile milla (*f.*)
military service servicio (*m.*) militar
milk leche (*f.*)
minister ministro(-a)
misbehave portarse mal
mischievous travieso(-a)
miss faltar a
mistake error (*m.*)
mistreat maltratar
mobile home casa (*f.*) rodante
molar muela (*f.*)
mom mamá
moment momento (*m.*)
money dinero (*m.*)
month mes (*m.*)
monthly mensualmente, mensual
more or less más o menos
mortgage hipoteca (*f.*)
mother madre
mother-in-law suegra
mouse ratón (*m.*)
mouth boca (*f.*)
move (i.e., from one house to another) mudarse
much mucho(-a)
mute mudo(-a)

N

name nombre (*m.*)
nation país (*m.*), nación (*f.*)
national origin país (*m.*) de origen
nationality nacionalidad (*f.*)
near cerca (de)
neck cuello (*m.*)
need necesidad (*f.*), necesitar
neighbor vecino(-a)
neighborhood barrio (*m.*), vecindad (*f.*)
nephew sobrino
nerves nervios (*m.*)
net neto(-a)
never nunca, jamás
new nuevo(-a)
newspaper periódico (*m.*)
next próximo(-a)
next door de al lado, al lado
niece sobrina

night noche (*f.*)
no longer ya no
nobody nadie
nose nariz (*f.*)
not to have faltarle a uno
notebook cuaderno (*m.*)
nothing nada
notice notar
notify informar, notificar
now ahora
nowhere en (por) ningún lado
number número (*m.*)
nurse enfermero(-a)
nurse's aide auxiliar (*m., f.*) de enfermero(a)
nursery guardería (*f.*)

O

object objeto (*m.*)
obtain obtener (*conj. like* tener)
occupation ocupación (*f.*)
of de
of course cómo no
office oficina (*f.*)
often frecuentemente, seguido, a menudo
okay bueno(-a)
oil aceite (*m.*)
old viejo(-a)
old person anciano(-a)
older mayor
oldest el (la) mayor
on sobre
on the back (of the page) al dorso
only solamente, sólo
open abierto(-a), abrir
or o
organization organización (*f.*)
original original (*m.*)
orthopedic ortopédico(-a)
other otro(-a)
out of order descompuesto(-a)
outpatient paciente (*m., f.*) externo(-a)
oven horno (*m.*)
over al dorso
owe deber
own propio(-a)
own poseer

P

page página (*f.*)
pain dolor (*m.*)
paint pintura (*f.*), pintar

pale pálido(-a)
pamphlet folleto (*m.*)
paper papel (*m.*)
paralyzed paralítico(-a)
paramedic paramédico(-a)
pardon perdón
parents padres (*m.*)
parish parroquia (*f.*)
parochial parroquial
part parte (*f.*)
participate participar
party fiesta (*f.*)
passbook libreta (*f.*) de ahorros
passport pasaporte (*m.*)
pay pagar
payment pago (*m.*)
pen pluma (*f.*)
penalty penalidad (*f.*), pena (*f.*)
pencil lápiz (*m.*)
pension pensión (*f.*), jubilación (*f.*), retiro (*m.*)
people personas (*f.*), gente (*f.*)
percent por ciento (*m.*)
perhaps a lo mejor, quizá, quizás
permanent permanente
permission permiso (*m.*)
person persona (*f.*)
personal personal
pharmacy farmacia (*f.*)
photocopy fotocopia (*f.*)
photograph fotografía (*f.*)
physical físico(-a)
physical therapy terapia (*f.*) física
pill píldora (*f.*), pastilla (*f.*)
pillow almohada (*f.*)
pink rosado(-a)
pint pinta (*f.*)
place lugar (*m.*)
plan planear, pensar (e:ie)
plastic plástico (*m.*)
play jugar (u:ue)
please por favor, favor de
plumber plomero (*m.*)
pneumonia pulmonía (*f.*), pneumonía (*f.*)
poison veneno (*m.*), envenenar(se)
police policía (*f.*)
policy póliza (*f.*)
poor pobre
possibility posibilidad (*f.*)
possible posible
post office oficina (*f.*) de correos

post office box apartado (*m.*) postal
prefer preferir (e:ie)
pregnant embarazada
premium prima (*f.*) (de seguro)
prepare preparar
prescribe recetar
present actual (*adj.*), regalo (*m.*), presentar
previous anterior
previously anteriormente
price precio (*m.*), costo (*m.*)
priest (Catholic) padre, sacerdote, cura
principal director(-a)
print letra (*f.*) de molde (de imprenta)
print escribir con letra de molde (de imprenta)
prisoner prisionero(-a), preso(-a)
private privado(-a)
probation libertad (*f.*) condicional
problem problema (*m.*)
proceedings trámites (*m.*)
profession profesión (*f.*), oficio (*m.*)
profit renta (*f.*), ganancia (*f.*)
prohibit prohibir
project proyecto (*m.*)
promise promesa (*f.*), prometer
proof prueba (*f.*), comprobante (*m.*)
property propiedad (*f.*)
property taxes impuesto (*m.*) sobre la propiedad
protection protección (*f.*)
punish castigar
put poner
put on ponerse

Q

quarter trimestre (*m.*)
question pregunta (*f.*)
questionnaire cuestionario (*m.*)

R

radio radio (*f.*)
railroad insurance seguro (*m.*) ferroviario
rain lluvia (*f.*), llover (o:ue)
read leer
real real, verdadero(-a)

real estate bienes (*m.*) inmuebles, bienes (*m.*) raíces
receipt recibo (*m.*)
receive recibir
receptionist recepcionista (*m., f.*)
recommend recomendar (e:ie)
reconciliation reconciliación (*f.*)
red rojo(-a)
reevaluate re-evaluar
reformatory reformatorio (*m.*)
refrigerator refrigerador (*m.*)
register (for school) matricularse, inscribirse
registration matrícula (*f.*)
regularly regularmente
rehabilitation rehabilitación (*f.*)
related relacionado(-a)
relationship parentesco (*m.*), relación (*f.*)
relative pariente(-a)
remember recordar (o:ue)
reminder recordatorio (*m.*)
rent alquiler (*m.*), renta (*f.*)
repair reparación (*f.*), arreglar
report informe (*m.*), informar
request pedir (e:i)
required requerido(-a)
resident residente (*m., f.*)
resource recurso (*m.*)
responsible responsable
rest resto (*m.*)
rest home asilo (*m.*), casa (*f.*) para ancianos
result resultado (*m.*)
retire jubilarse, retirarse
retired jubilado(-a), retirado(-a)
retirement retiro (*m.*), jubilación (*f.*)
return regresar, volver (o:ue)
revenue ingresos (*m.*), renta (*f.*)
revolver revólver (*m.*)
rheumatism reumatismo (*m.*)
right derecho (*m.*), derecha (*f.*), correcto(-a)
right away en seguida
right now ahora mismo, ahorita (*colloq.*)
roof techo (*m.*)
room habitación (*f.*), cuarto (*m.*)
room and board alojamiento (*m.*) y comida (*f.*)
routine rutina (*f.*)

rug alfombra (*f.*)
rule reglamento (*m.*)
run correr
run into chocar

S

safe seguro(-a)
salary sueldo (*m.*), salario (*m.*)
same mismo(-a), lo mismo
save ahorrar
savings ahorros (*m.*)
savings account cuenta (*f.*) de ahorros
say decir (e:i)
scar cicatriz (*f.*)
scholarship beca (*f.*)
second segundo(-a)
secondary school escuela (*f.*) secundaria
secretary secretario(-a)
section sección (*f.*)
see ver
select elegir (e:i), escoger, seleccionar
sell vender
semester semestre (*m.*)
semiprivate semiprivado(-a)
send mandar, enviar
separated separado(-a)
serious grave
service servicio (*m.*)
service station estación (*f.*) de servicio, gasolinera (*f.*)
several varios(-as)
sex sexo (*m.*)
sexual abuse abuso (*m.*) sexual
sheet sábana (*f.*), (*of paper*) hoja (*f.*)
shirt camisa (*f.*)
shoe zapato (*m.*)
sick enfermo(-a)
sickness enfermedad (*f.*)
sight vista (*f.*)
sign firmar
signature firma (*f.*)
since desde, pues
sister hermana
sister-in-law cuñada
situation situación (*f.*)
slip resbalar
slowly despacio
small pequeño(-a)
so así, así que
so many tantos(-as)

soap jabón (*m.*)
social security seguro (*m.*) social
social security card tarjeta (*f.*) de seguro social
Social Welfare Department Departamento (*m.*) de Bienestar Social
social worker trabajador(-a) social
socket tomacorrientes (*m.*)
sofa sofá (*m.*)
solve resolver (o:ue)
some algún, alguna
son hijo
son-in-law yerno
soon pronto
spanking paliza (*f.*)
speak hablar
specialist especialista (*m., f.*)
specify especificar
speech impediment dificultades (*f.*) del habla
speed velocidad (*f.*)
spend gastar
to spend (time) pasar
square cuadrado (*m.*)
stairs escalera (*f.*)
stamp estampilla (*f.*)
stand up pararse
start iniciar, comenzar (e:ie), empezar (e:ie)
starting with a partir de
state estado (*m.*), estatal
station estación (*f.*)
stay quedarse
stepfather padrastro
stepmother madrastra
still quieto(-a), todavía
stocks acciones (*f.*)
stomach estómago (*m.*)
stones cálculos (*m.*)
stop detener
stop (doing something) dejar de
store tienda (*f.*)
stove cocina, estufa (*f.*)
strike huelga (*f.*), pegar
stroke derrame (*m.*) cerebral
sufficient suficiente
suffocate asfixiar
suggest sugerir (e:ie)
sun sol (*m.*)
supervisor supervisor(-a)
supplemental suplementario(-a)

supplemental income security payment pago (*m.*) de seguridad de ingreso suplementario
support mantener
support payment pago (*m.*) de manutención
sure seguro(-a)
surname apellido (*m.*)
survivor superviviente (*m., f.*)
swallow tragar
syphilis sífilis (*f.*)
system sistema (*m.*)

T

table mesa (*f.*)
take tomar
take a risk arriesgarse
take care of cuidar, atender (e:ie)
take chances arriesgarse
take part participar
take (someone or something someplace) llevar
take (time) demorar
tax impuesto (*m.*)
teacher maestro(-a)
teenager adolescente (*m., f.*)
telephone teléfono (*m.*)
telephone book guía (*f.*) telefónica
tell contar (o:ue), decir
term plazo (*m.*)
terrible terrible
test análisis (*m.*)
that que
that way así
that's why por eso
the day after tomorrow pasado mañana
the only thing lo único
the others los (las) demás
the same igual
then entonces
there allí
there was había
thermometer termómetro (*m.*)
thin delgado(-a)
thing cosa (*f.*)
think creer, pensar (e:ie)
this way así
throat garganta (*f.*)
ticket boleto (*m.*), billete (*m.*), pasaje (*m.*)

time   tiempo (*m.*), (*in a series*) vez (*f.*)
tired   cansado(-a)
to   para
today   hoy
together   juntos(-as)
tomorrow   mañana
too bad   que lástima
tooth   diente (*m.*)
total   total
trade   oficio (*m.*)
training   entrenamiento (*m.*)
tranquilizer   calmante (*m.*). sedativo (*m.*)
translate   traducir
translator   traductor(-a)
transportation   transporte (*m.*), transportación (*f.*)
travel   viajes (*m.*), viajar
treat   tratar
treatment   tratamiento (*m.*)
tree   árbol (*m.*)
true   verdadero(-a)
truth   verdad (*f.*)
try   tratar (de)
tumor   tumor (*m.*)
turn blue   ponerse azul
turn off   apagar
turn over   virar
type   tipo (*m.*), clase (*f.*), escribir a máquina
typewriter   máquina (*f.*) de escribir

U

uncle   tío
understand   entender (e:ie), comprender
unfortunately   desgraciadamente, por desgracia
union   sindicato (*m.*)
university   universidad (*f.*)
unless   a menos que
unsigned   sin firmar
until   hasta
up to   hasta
upset   disgustado(a)

urgent   urgente
use   uso (*m.*), usar
useful   útil

V

vacation   vacaciones (*f.*)
vaccinate   vacunar
value   valor (*m.*)
venereal   venéreo(-a)
verify   verificar
veteran   veterano(-a)
visa   visa (*f.*)
visit   visitar
visiting nurse   enfermera visitadora
vocational   vocacional
voucher   comprobante (*m.*), prueba (*f.*)

W

wait   esperar
walk   caminar, andar
walker   andador (*m.*)
wall   pared (*f.*)
want   desear, querer (e:ie)
warn   avisar
water   agua (*f.*)
week   semana (*f.*)
weekly   semanal
weekend   fin (*m.*) de semana
welfare   bienestar (*m.*)
Welfare Department   Departamento (*m.*) de Bienestar Social
well   bien, bueno
wet   mojar(se)
what   que, cual
what a pity   ¡qué lástima!
what can I do for you?   ¿en qué puedo servirle?
what else?   ¿qué más?
what for?   ¿para qué?
what luck!   ¡qué suerte!
wheelchair   silla de ruedas (*f.*)
when   cuando

which   cuál, qué
while   mientras
white   blanco(-a)
who   quien, que
why   por qué
widow   viuda
widower   viudo
wife   esposa, mujer, señora
window   ventana (*f.*)
wine   vino (*m.*)
with   con
within   dentro de
within (in) a few days   dentro de unos días
without   sin
without fail   sin falta
witness   testigo (*m.*, *f.*)
witness hearing   examen (*m.*) de testigos
woman   mujer
work   trabajo (*m.*), trabajar
worker   obrero(-a), trabajador(-a)
worker's compensation   compensaciones (*f.*) obreras
worried   preocupado(-a)
worry   preocuparse
write   escribir
write down   anotar

X

X-ray   radiografía (*f.*)

Y

year   año (*m.*)
yearly   anual, anualmente
yellow   amarillo(-a)
yesterday   ayer
yet   todavía
young   joven
young (child)   pequeño(-a)
younger   menor
youngest   el (la) menor

Z

zip code   zona (*f.*) postal